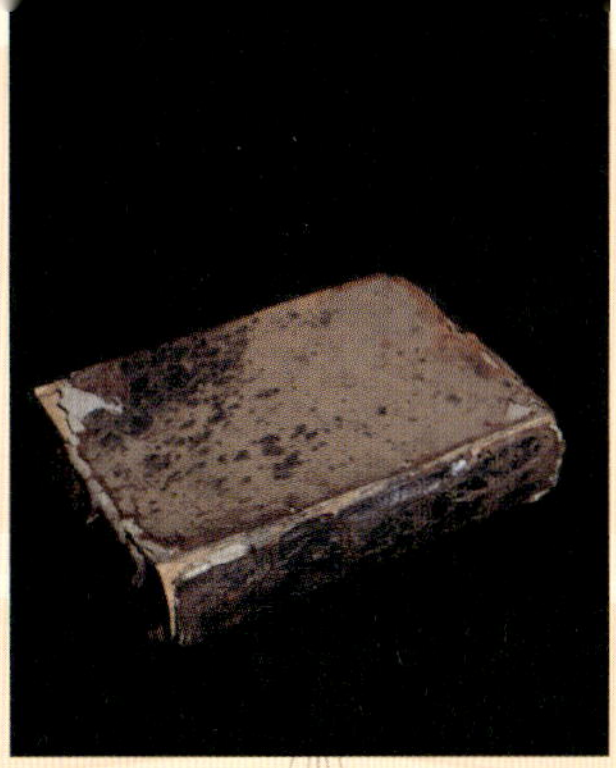

日本キリスト教史の夜明け

写真で訪ねる信仰遺産

写真
伊東泰生

文
熊田和子

Forest Books

まえがき

　ここに収められている写真は、ごく一部を除いてすべて現地に足を運び、ホンモノと対面して撮影したものです。撮影に同行し、それらを前にした時、書であれば筆跡や筆遣い、あるいは愛用の聖書や道具・建物などから先人たちの息遣いであったり、心意気や信念といったものがリアルに伝わってきました。それまで資料や教科書、ネットなどから得ていただけのイメージではなく、実物と向き合うことで、彼らの信仰と存在の迫力を全身に浴びた思いでした。

　本篇の十二篇は、明治初期のプロテスタント・キリスト教の足跡の一面をたどるもので、月刊『百万人の福音』に一年間連載したものです。この度の単行本化に際し、付記として巻末に、ごく初期のキリスト教伝来に由来するエピソードを収めました。

　めったに目にすることのできない貴重なものを快く撮影・掲載させてくださった各方面の方々に心から感謝いたします。

熊田和子

目次

震災も戦災もくぐり抜けて時を告げる教会の鐘

探訪 1

日本最初のプロテスタント教会

横浜海岸教会の鐘

礼拝の始まりを告げる鐘の音を聞きながら、会堂に通じる階段を小走りに駆け上がった。重い響きの中にもやわらかく澄んだ音色のこの鐘は、旧新約聖書六十六巻の数だけ毎週鳴らしているという。

今では周囲のビルに反響して、それほど遠くまではとどかないが、教会が建築された明治期には、一キロ余り離れた桜木町駅（当時の横浜駅）あたりまで響き渡っていた。居留地にいた外国人も、ようやく外国人に慣れてきた日本人たちも、日曜の朝、海岸から響いてくる鐘の音に、ふと手を休めて耳を傾けていたかもしれない。

横浜海岸教会の前身となる「石の会堂」が、居留地にできたのは一八六八（明治1）年。まだ切支丹禁令の高札があちこちに立てられていた時代である。一八七二（明治5）年に始まった初週祈禱会《きとうかい》が元となって、アメリカ人宣教師J・H・バラを仮牧師に迎えて日本人初のプロテスタント教会（日本基督《キリスト》公会）が形成されていった。

この「横浜バンド」と呼ばれる信仰ムーブメントにより教会が手狭となったため、一八七五（明治7）年には五百人収容の大会堂が建築された。バラは帰国し、アメリカ各地を東奔西走して献金を募った。その時に贈られたのが、教会の鐘である。贈り主は横浜共立学園創立者の一人、メリー・プライン女史。同年、体調を崩して帰国した彼女は、心ならずも断念した日本宣教

日本基督公会発祥の地の記念碑には旧約聖書イザヤ書32章15節が刻まれている。

一八七五年ニューヨークで鋳造の文字が刻まれている。口径77㎝、厚さ10㎝の鐘は百四十年余の時を越えて今も荘厳な響きを聞かせてくれる。

への思いと祈りをこの鐘に託したのではないだろうか。

それから百四十年の歳月を経て、今も鐘は鳴り続けている。関東大震災（一九二三年）で教会が崩れ去った時も、鐘は形をとどめて生き残った。戦時中、金属供出が強制された時にも、当時の渡辺連平牧師の尽力により奇跡的に守られた。さらには横浜大空襲でも教会は焼け落ちることはなかった。

震災を経験した教会員、故・河合卯一氏の記録がある。

「僕が高橋勇二郎君とこの焼け跡へ行ったのは九月三日のことであった。まだ市内のあちこちには火事の煙が立ち上り……茫然《ぼうぜん》と焼け跡を見ていた時に期せずして二人の目に入ったものは煉瓦《れんが》の中に埋まっている鐘であった。毎日曜日に聞いてきた鐘ではあったが……それを初めて近くで見た。余りに大きいのに驚くほどであった。早速、石や煉瓦を取り除き叩《たた》いてみた。その音の美しかったこと。煉瓦にはさまれながらも尚《なお》澄んだ美しい音を響かす不思議な鐘。何もかも焼けて了《しま》った。けれども永遠を告ぐる鐘は残っていた。高橋君と二人で手を握り合い立ちながら祈った。『会堂は焼けたが教会は残っている……』」（『横浜海岸教会百年の歩み』より抜粋）

教会堂は建て替わっても、牧師や教会を構成するメンバーが替わっても、神からの語りかけは永遠に変わることはない。前任牧師の久保義宣師が語るように、鐘の音は「神が時を告げて人を集める」神ご自身からの呼びかけである。そして、「祈り、聖書信仰、伝道、愛の心」という創設者バラ宣教師の信仰遺産や、この贈り物に込められた思いは、海岸教会だけでなく、私たち一人ひとりが受け止め伝えていくようにとのメッセージにも聞こえてくる。

探訪 1

日本最初のプロテスタント教会

横浜海岸教会の鐘

関東大震災ののちに発見された旧会堂の礎石。AD1875年の文字が読み取れる。（現在は非公開）

会堂は横浜市歴史的建築物に認定されている。（一九三三年建築／クリスチャン建築家・雪野元吉が無償で設計）。二〇一五年に改装。

宣教師館は未知の世界への扉

探訪 2

大分・旧宣教師館
キャラハン邸

こんな瀟洒《しょうしゃ》な建物が明治時代、しかも大分県の小さな町に突然現れたら、それは驚くに違いない。その頃開通した汽車と「異人館」と外国人を見に、大勢の人が毎日のように弁当を持って山国川の河畔に集まっていた。見たこともない西洋館を遠巻きにした彼らは、どんな会話を交わしていたのだろう。

宣教師館キャラハン邸が中津市（当時・中津町）金谷《かなや》に建てられたのは一八九九（明治32）年。建てたのは、アメリカ人宣教師ウイリアム・ジャクソン・キャラハン（一八六六〜一九三六）。当時中津は大分に次ぐにぎわいを見せていたが、西洋人はいなかった。福沢諭吉を輩出し、それに続けとばかり学問や西洋文化を吸収する素地はあったものの耶蘇《やそ》（キリスト教）は別問題だった。キリシタン禁令時代の迫害の惨《むご》さが、何代にもわたって人々の心に染みついていたからだ。

母国アメリカで、関西学院創設者W・ランバスの説教によって日本宣教を志したキャラハンは一八九一（明治24）年、二十五歳の時に来日。三年後に南部メソジスト教会の宣教師として中津に赴任した。十二月の寒い夜明け、遠浅の港に船が着岸できず、身を切るように冷たい水の中をキャラハン一行は一キロ半も歩いて中津に上陸した。

折からの日清戦争で国粋主義が高まる中、いくら伝道しても人々は集まらなかった。着任して一年が過ぎた頃、夫妻は生後二か月の長男ハーベイを失う。悲嘆にくれる中、その葬儀がきっかけとなって、初めて教会に大勢の人が集まり、町の人たちと心の交流が生まれた。

当時の日本家屋では見られなかった西洋建築の意匠が今も随所に残る。合計6基の暖炉は美しく重厚なデザイン。

キャラハンの母校、ジョージア州アトランタのエモリー大学学長公邸を模して建てられた宣教師館。イギリスからアメリカ南部に伝わった下見板張りの外観は、同じ地域が舞台の映画『風と共に去りぬ』を彷彿とさせてくれる。玄関ポーチは和洋折衷。キャラハンの指導のもと、日本の大工が施工。現在はNBU日本文理大学キャンパス内に移築・復元されている。

撮影協力／NBU日本文理大学

探訪2
大分・旧宣教師館
キャラハン邸

やがて宣教師館ができてからは、そこで日曜学校や婦人集会を開いた。マーサ夫人の記録には、子どもたちは多い時で百人、平均して毎週七十人も集まっていたとある。初めて見る西洋風の家、初めて味わうクッキーやケーキ、西洋料理。キャラハン邸は未知の世界への入り口だった。最初の洗礼式は宣教七年目。目と耳の不自由な十六歳の少女だった。

キャラハンは中津滞在十一年の間に、人々の力になりたいとさまざまな働きをした。中津で初めての石橋、キャラハン橋とも呼ばれた洞鳴《どうめき》の橋を造り、貧困にあえぐ農家の人々には豆や芋《いも》の栽培を教えて生活を助けた。それらは今でもキャラ豆、キャラ芋と呼ばれているそうだ。夫妻は、中津の幼児教育や福祉の基礎を築いたことでも知られている。

キャラハンは四十四年間を日本宣教にささげ、一九三五（昭和10）年、後ろ髪を引かれる思いで帰国した。翌年七十歳で天に召されたが、最後まで日本語でうわごとを言い続けていたという。

宣教師館にはキャラハン以後、代々六人の宣教師が住み、戦後は地元高校生の寄宿舎にも使われた。一九八五年からは無人となり廃虚同然となって土地の売却が決まっていた。しかし、中津の歴史と文化の象徴を失うわけにはいかないと、七つの市民団体が保存を訴えて立ち上がった。幾度もの会議やキャラハン邸サミットが開催された末、取り壊し寸前で残すことが決まる。そして、貴重な建築文化遺産を保存・継承するため、一九九二年、大分市の日本文理大学校内に移築し復元された。これを機会に同大

移築で新しい部材を使用した部分もあるが、階段は建築当初のまま。手すりや親柱は温かみのあるろくろ挽きの装飾。手前は当時の板張りの床の上にマットが敷かれている。

当時の日本家屋では見られなかった西洋建築の意匠が今も随所に残る。アンティークなカーテンとカーテンレールもその一つ。

写真で訪ねる信仰遺産 ｜ 二 ｜ 探訪その二

大学生の時、右目を失い義眼となったキャラハンの写真は左側から撮られたものが多い。彼は生涯、目の痛みに耐えつつ伝道活動をしていた。（写真／中津教会所蔵）

W J Callahan
To
The Nakatsu Church
June 10, 1935

Japan
1891-1935

1894-1904

学は、キャラハンの故郷ジョージア州のラグランジ大学と提携を結んだ。

キャラハン邸の歴史を映像と活字に収めた保坂康夫氏は、著書『キャラハン邸物語』（三修社）を、「建物だって、一〇〇年ぐらい生きてくると、そのあいだにあったほんとうにいろいろなことが心にぎっしりと詰まってくるものなのです」と、建物を一人称にしてユニークな物語を始めている。この建物の心には、これからどんな物語がぎっしりと詰まっていくのだろうか。

探訪2

大分・旧宣教師館

キャラハン邸

マーサ夫人は宣教師館で料理教室を開き、地域の女性たちに伝道した。100年前に使われていた工夫を凝らしたレシピ・ファイルから当時の様子が伝わってくる。中津市の老舗和菓子店・桃屋・甚兵衛 では彼女の名前にちなんだ「キャラハン夫人」というチーズクリームのブッセを現在も販売している。

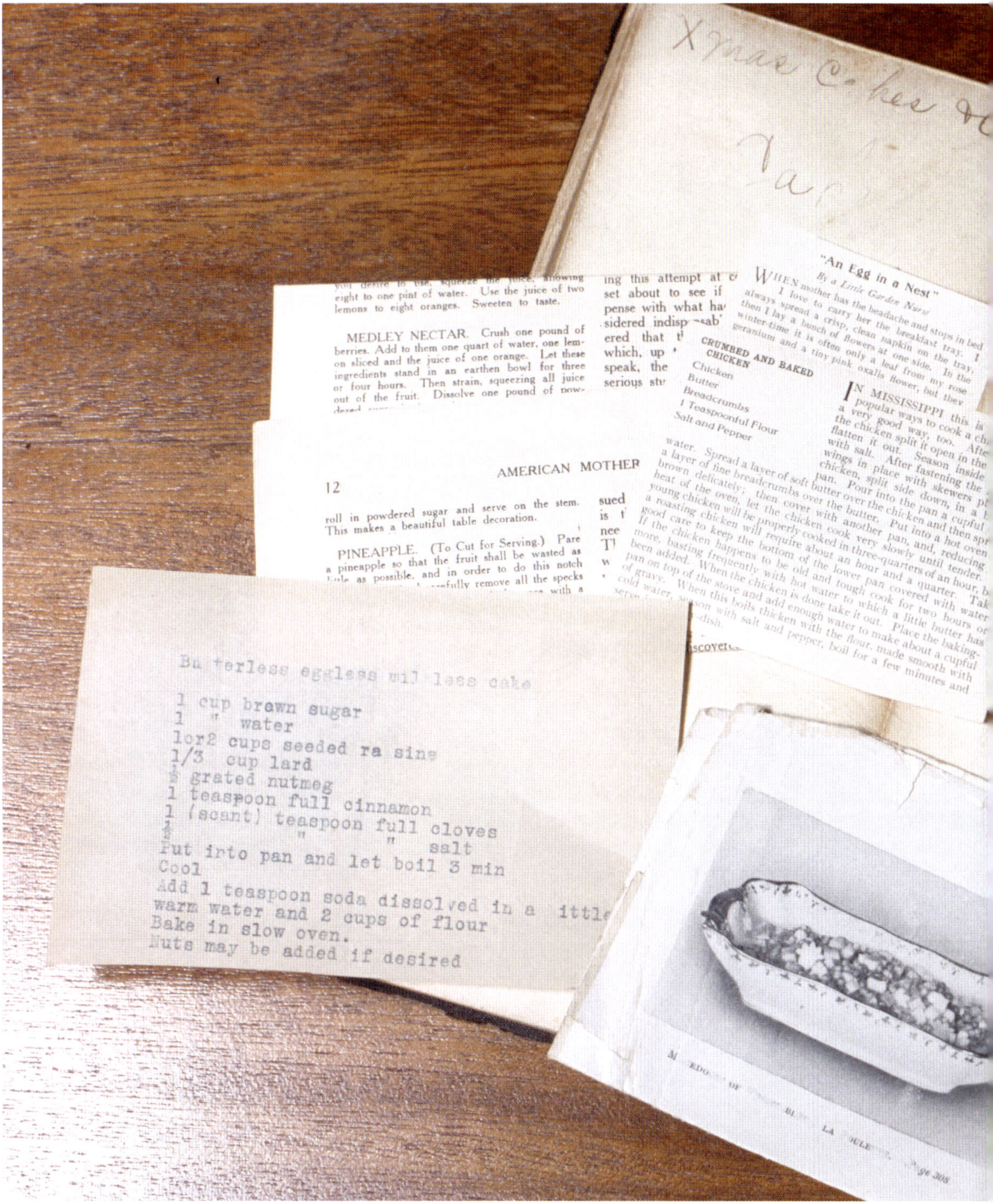
Xmas Cakes
eight to one pint of water. Use the juice of two lemons to eight oranges. Sweeten to taste.
MEDLEY NECTAR. Crush one pound of berries. Add to them one quart of water, one lemon sliced and the juice of one orange. Let these ingredients stand in an earthen bowl for three or four hours. Then strain, squeezing all juice out of the fruit. Dissolve one pound of pow-
AMERICAN MOTHER
12
roll in powdered sugar and serve on the stem. This makes a beautiful table decoration.
PINEAPPLE. (To Cut for Serving.) Pare a pineapple so that the fruit shall be wasted as little as possible, and in order to do this notch
"An Egg in a Nest"
By a Little Garden Nurse
WHEN mother has the headache and stops in bed I love to carry her the breakfast tray. I always spread a crisp, clean napkin on the tray, then I lay a bunch of flowers at one side. In the winter-time it is often only a leaf from my rose geranium and a tiny pink oxalis flower, but they
CRUMBED AND BAKED CHICKEN
Chicken
Butter
Breadcrumbs
1 Teaspoonful Flour
Salt and Pepper
IN MISSISSIPPI this is a very good way, too.
Bu terless eggless mil less cake
1 cup brown sugar
1 " water
1or2 cups seeded ra sins
1/3 cup lard
½ grated nutmeg
1 teaspoon full cinnamon
1 (scant) teaspoon full cloves
½ " " salt
Put into pan and let boil 3 min
Cool
Add 1 teaspoon soda dissolved in a little
warm water and 2 cups of flour
Bake in slow oven.
Nuts may be added if desired

誇らず奢《おご》らず、なすべきことを黙々と

探訪3
東京・本郷中央教会
リードオルガン

「日本人の心」として、最も愛され歌い継がれてきた唱歌『故郷《ふるさと》』。その作曲者・岡野貞一（一八七八～一九四二）は、六十三歳で急逝するまで、東京の本郷中央教会で毎週、礼拝奏楽者・聖歌隊指導者として四十二年間仕えた。岡野のオルガンは、終生伴奏者に徹した弾き方だったと伝えられている。

岡野が弾いていたオルガンは、今も教会に残されている。歴史を重ねた会堂に一歩足を踏み入れると、まるで昭和の初めにタイムスリップしたような空間に包まれる。教会員の宮崎康久氏に数曲弾いていただいた。リードオルガン独特の深く厚みのある音が、余韻を残して空間に広がっていく。

岡野貞一は一八七八（明治11）年、鳥取藩士の家に生まれ、十四歳の時にアメリカ人宣教師から洗礼を受けている。教会で聞く賛美歌に心惹《ひ》かれ、鳥取出身の東京音楽学校（現・東京藝術大学）校長・村岡範為馳《はんいち》の講演を聞いて音楽を志す。その後、岡山で女性宣教師アダムズに楽才を認められて東京音楽学校に進み、卒業後は、四十年余りにわたって同校で教鞭《きょうべん》を執った。

その間、岡野は作詞家・高野辰之とのコンビで『紅葉《もみじ》』『春の小川』『おぼろ月夜』『春が来た』『故郷の空』等々、数えきれないほどの名曲を世に送り出した。また、夥《おびただ》しい数の校歌や市歌などの作曲も手がけている。そのわりには岡野の名は、同時代の滝廉太郎や山田耕筰のようにポピュラーでないのはなぜだろう。

一八九〇年建築の、威容を誇る旧会堂が関東大震災で焼失したのち、一九二九年に新築されたコンクリート三階建ての会堂。一九九八年に国の登録有形文化財に指定された。

『故郷《ふるさと》』の作曲家・岡野貞一が弾いたリードオルガン

探訪 3

東京・本郷中央教会

リードオルガン

岡野貞一が毎週礼拝で弾いていたリードオルガン。大正時代の山野楽器製で、今も現役。厚みのある材料が使われているので、近年製作のものとは音の響きが違うという。震災前は日本初のパイプオルガンが主に使われていた。

うさぎ追いしかの山
小鮒釣りしかの川

探訪3

東京・本郷中央教会

リードオルガン

尋常小學唱歌
第六學年用
文部省

『故郷』が最初に登場した時の教科書。1914年6月発行。（東京藝術大学附属図書館所蔵）

一つには、彼は学校の一職員として仕事をしてきたこと。そして、唱歌の著作権は文部省に帰属しているため、作者は戦後まで明らかにされていなかったこと。しかし、いちばんの理由は、岡野が自分の業績を教会員はもとより、教え子や家族にすら明かしていなかったことがあげられる。家族も、葬儀の席で初めて知ったというから徹底している。教え子で作曲家の小出浩平が、ある時岡野に「故郷を歌うと涙ぐまずにいられない」と伝えたところ、「それは俺の肩を持ちすぎだよ。いや、しまった！ 作曲者の肩をだよ」と、あわてて隠そうとした逸話も残っている。

一九四一年十二月二十九日。岡野貞一は六十三年の生涯を閉じた。葬儀の翌週の教会週報に、以下のような報告文が掲載された。「先生は四十二年に亘《わた》って我が中央教会の、最も忠実なオルガニストでありました。東京音楽学校教授として又同校分教場主事としての非常な激職にあったにかかわらず聖日の礼拝には必ず教会に出席せられ、オルガンを通して礼拝を援《たす》けられ、その上聖歌隊を御指導下さいました。先生は日本音楽界に於いて忘れることの出来ない恩人でありますが、特に我が教会にとっては一層忘れる事の出来ない功労者であります。先生の黙々としてなされた凡ての御奉仕が主によって永遠に祝福せられる事と信じます」

広い吹き抜けになった教会堂は、かつて音楽会や演劇などにも使われ、地域の人々の交流の場だった。現在もその面影を色濃く残している。

現存する岡野貞一直筆の楽譜から彼の几帳面な性格がうかがえる。1918年、東北帝国大学工学専門部（現・東北大学工学部）校歌。作詞は『荒城の月』の土井晩翠。（東京藝術大学所蔵）

探訪 4

愛を形にしたヴォーリズ建築

旧マッケンジー邸

居心地のよい愉快なわが家を

「鳥が二羽夫婦になる、家を建てる、巣ができあがる。この鳥の巣こそ住宅の根本問題です」「わが家が、他のどこよりも居心地のよい、愉快なところだと気がつけば、わざわざいろんなところに行くはずもなく、従って道楽もしませんし、堕落もしません」

明治末期から昭和にかけて、千四百を超える建築・設計を手がけたウィリアム・メレル・ヴォーリズ（一八八〇〜一九六四）は、著書『吾家《わが》の設計』（文化生活研究会発行）で、こう語っている。ヴォーリズ建築と言えば、有名な百貨店やミッションスクール、教会堂などで知られているが、彼が最も情熱を注ぎ、重視したのは住宅建築だった。

駿河湾が一望できる海岸沿いに、旧マッケンジー邸がある。静岡茶を扱う

ヴォーリズ建築の神髄である住宅に関しての著作。『吾家の設計』（1923 年）、『吾家の設備』（1924 年）。建築理念や家庭と住宅のあり方について忌憚（きたん）なく語られており、現代人もここから多くを学べる。いずれも絶版。（国立科学博物館所蔵）

ヴォーリズ建築後期の代表的な住宅の一つ、スパニッシュ・スタイルの旧マッケンジー邸。現在は静岡市教育委員会の管理により一般公開。コンサートや撮影などにも使われている。正面の塔の最上階は、天体観測のための望楼。(1940 年竣工、国登録有形文化財)

各部屋とも明るくゆったりした間取りで、マントルピースに加えて地下室にボイラーを設置したスチーム暖房、水洗トイレも完備。

撮影協力/静岡市教育委員会

アメリカ人貿易商で、篤信家であったダンカン・マッケンジーは、一九一八（大正７）年に来日し、永住を決める。彼は喘息《ぜんそく》の持病があったため、温暖で風通しのよい場所を選んで家を新築した。依頼を受けたヴォーリズは、マッケンジーの健康や生活スタイルを十分に考慮した、モダンで実用的な住宅を設計した。彼らは、信仰はもとより、日本を愛して永住を決めたこと、健康

探訪4

愛を形にしたヴォーリズ建築

旧マッケンジー邸

採光を考慮した食堂。マッケンジー宅には常に多くの来客があったが、十分に対応できる広さ。外観写真では正面左の庭に突出した部分。

ヴォーリズ建築はいずれも階段が重視されている。著書にも、階段は十分に明るく、ゆったりと、小さな子どもでも楽に上がれるような配慮が必要だと記している。踊り場に簡単なベンチがあるのもヴォーリズの特徴。

探訪4
愛を形にしたヴォーリズ建築
旧マッケンジー邸

に問題を持っていたこと、夫人が教育や福祉に尽力していたこと、天体観測の趣味などいくつかの共通点を持っていた。そして何より、マッケンジー夫妻の、「人を温かくもてなせる家を造りたい」という願いを、ヴォーリズは同じ思いをもって見事に実現した。

　マッケンジー邸に足を踏み入れた瞬間、初めて訪れたのに何だか懐かしい場所に帰ってきたような空気に包まれた。ヴォーリズ建築と聞いて思い浮かべるあの温もりのあるイメージが、期待にたがわずここにはあった。庭先に、この家の愛称「HOMAM《ホーマム》」（ペガサス座の星の一つで歓待・もてなしの意）と記した小さな石塔があるが、「住居はその人を現す」というヴォーリズのことばどおり、どの部屋にもその思いやりが感じられる安堵《あんど》感がある。ふと、こんな家に住み、育てば、丁寧な生き方ができるのではないかと思った。

　さて、ヴォーリズは住居の前提を、①人の保護と安全②安楽な生活③個性《プライバシー》の発展④健康・衛生の確保⑤人種（精神と文明）発展の場所、としている。彼は大正時代にすでに、耐震性、子どもの心の教育、健康問題、建築費の経済性と質などに言及し、現代社会が翻弄《ほんろう》され、病んでいる問題の原点にも目を向けていたのである。ヴォーリズにとって、一つひとつの作品は神への貴い献げものであったことは言うまでもない。だからこそ誠実に、喜びをもって建てあげ、彼自身の信仰を現していったのではないだろうか。

　その精神と技術を今日に受け継ぐ一粒社ヴォーリズ建築事務所で、ヴォーリズの生涯を研究してきた芹野《せりの》与幸《ともゆき》氏は、「人に温かさや安らぎを与える建物とは、技術やセンスを超えた人間の心の分野です。ヴォーリズ建築の魅力はそういう香りを持っているからこそ、世の名だたる建築家とは違った意味での光を放っているのです。そして、その中には信仰に根ざした『愛』があるのだと思っています」と語っている。

アメリカ製の調理道具や中央の配膳台、タイマー付きオーブン、冷蔵庫など、当時の日本では夢のような設備のキッチン。食と健康を重視したヴォーリズの建築理念が生かされている。

傑出した政治家にして、キリストの忠僕

探訪5

自由民権運動家・元衆議院議長

片岡健吉の聖書

「片岡がとうとうクリスチャンになったなぁ」

自由民権運動のリーダー・板垣退助は、感慨深く言った。高知県にキリスト教（プロテスタント）を導入したのは板垣自身だったが、彼は最後までキリスト教との距離を保ち続けた。が、腹心であり同郷の衆議院議員・片岡健吉（一八四三～一九〇三）は、長い求道の末、四十三歳で洗礼を受けている。

片岡健吉は一八四三（天保14）年、土佐藩上士の家に生まれ、父を亡くした二十歳で家督を継いだ。同じ高知城下には、七歳上に板垣退助、八歳上に坂本龍馬がいる。ことに板垣とは生家が一軒おいて隣りであり、好対照をなす互いの性格を知りつくしていたといわれる。

激動の時代、片岡は二十六歳の若さで土佐軍を率いて戊辰《ぼしん》戦争に臨み、官軍に勝利をもたらす大役を果たした。その功績が認められ、一八七一（明治4）年四月から二年近くにわたる欧米視察と英国留学に出発。片岡は、欧米の文化や教育、政治の背景にあるキリスト教に接し深い感銘を受けた。帰国後、聖書を読み、宣教師や植村正久などの説教を聞く機会があったが、受洗したのは帰国後十数年を経てからだった。

生来、誠実で人望があり、リーダーシップに長《た》けていた片岡は、数多くの社会的責任を負っている。板垣らと政治結社・立志社や自由党を結成し、国会開設請願書提出の時も代表に選ばれ

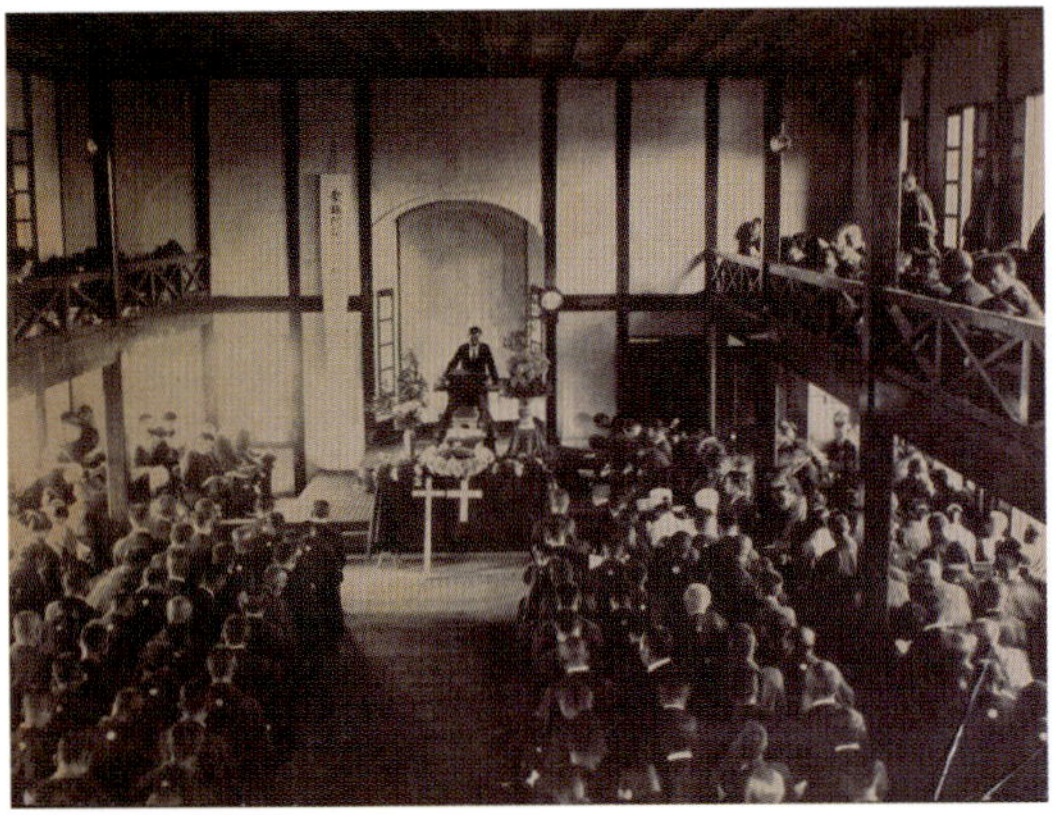

1903年11月、日本基督教会（現・日本基督教団）高知教会で行われた片岡健吉の葬儀。式には800余人が集い、埋葬に向かう列には市民も参加して、4列に並んでも1キロ近くになったという。（写真／片岡家所蔵）

片岡は2度目の投獄の時、差し入れられた新約聖書を熟読し、じっくりと祈る時間をもった。それが、キリストの「仕える精神」に生きる信仰覚醒の時となった。（片岡家所蔵）

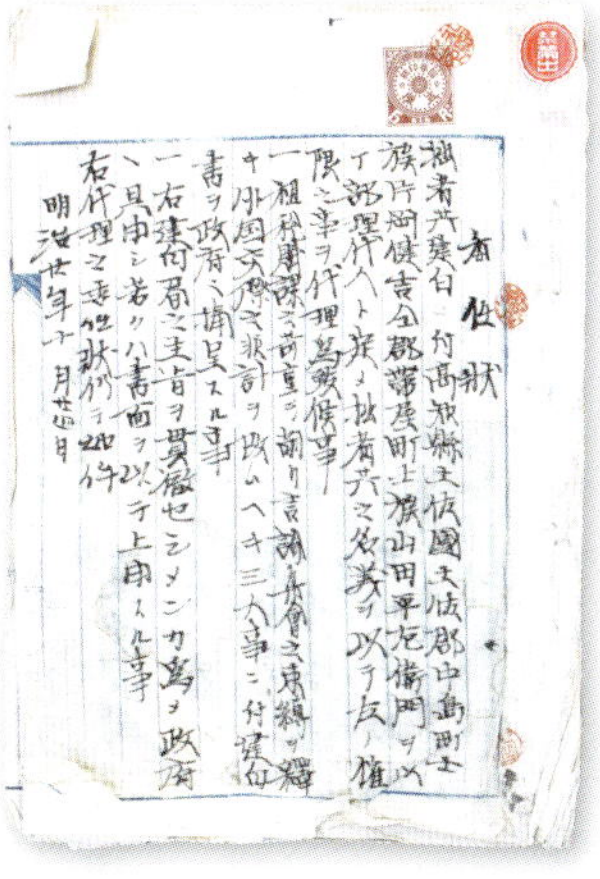

1887年10月、片岡は三大事件建白書（税金引き下げ、言論・出版・集会の自由、外交政策失敗の挽回）の委任状を携えて上京。時の元老院に提出したが、これによって2度目の投獄となる。（高知市立自由民権記念館所蔵・片岡家寄託）

ている。その後、四期連続で衆議院議員に当選、晩年は三期連続で議長を務めた。一九〇三（明治36）年に六十一年の生涯を閉じた時は、衆議院議長、京都・同志社社長、東京ＹＭＣＡ理事長などの現職にあった。

　アメリカ長老教会宣教師ノックスは、そんな片岡の回心を懸念していたが、機を逃すと再びその時は来ないのではないかと洗礼を授けた。片岡自身が綴っているように「自分は人と比べて不品行な人間ではないと信じて生きていたが、神聖なる神の前には慚愧《ざんき》に堪えない」と、明確な罪の意識に目覚めたのは受洗から七、八年後だった。のちに、衆議院議員をとるか、教会の役員をとるかと迫られた時には、「もちろん教会」と即答したほどだという。

　それにしても驚くのは、超過密スケジュールの中で、どこにいても聖日礼拝を厳守し、時間を見つけてはキリスト教界の指導者や宣教師たちと交流を持っていることである。また、上座を好まず、高知の母教会では黙々と下足番をし、草履を繕っていたのは有名な話である。

　没後一年の追悼会で本多庸一《よういつ》は、『片岡健吉君を追念して其《その》教訓を索《もと》む』と題する説教の中でこう語っている。

「片岡君は…武士としてもともと死を恐れない人間であったが、キリスト者となって一層その思いが固く…（それは）…生命に確信を得たるによるなり。死の滅亡にあらざることを信ぜしが故《ゆえ》なり。君が生涯には絶望の蹟なし、特《こと》に其晩年に於いて尤《もっと》も然《しか》るを見るなり。」（『本多庸一先生説教集』より）

探訪5

自由民権運動家・元衆議院議長

片岡健吉の聖書

衆議院議長として、政界のリーダーたちとの交流が偲ばれる数多くの手紙の一部。左から、山県有朋、伊藤博文、板垣退助。（片岡家所蔵）

片岡家の敷地内にある小高い丘に立てられた墓碑。「義人は信仰によりて生くべし」と大書した文字が刻まれている。これは、『信仰の経歴』と題した自著の最後に記された聖書のことば。

探訪6

群馬で宣教40年、柏木義円

安中教会と「上毛教界月報」

復活信仰に立った非戦論者

四五九号。一九三六年十二月、三十八年の長きにわたって発行された『上毛教界月報』は、最終号を迎えた。

　この間、主筆であり編集者であった柏木義円（一八六〇～一九三八）は、紙面を通して非戦と臣民教育批判などを常に訴え続けた。発刊当初、読者対象は上毛地区の組合教会（安中、高崎、甘楽《かんら》第一、原市など）であり、発行部数は月平均百六十部であった。それが、約五年後の日露戦争時には、平均一千部にも上り、読者は県外にも広がっていた。

　いかに義円の論述が鋭く、社会に及ぼした影響が強かったかは、新聞条例違反として何度も発禁処分、罰金処分を受けていることからもわかる。しかし義円は「非戦主義を宣明するは宗教の天職」として、徹底してその姿勢を崩すことはなかったという。それは、『上毛教界月報』にとどまらず、中央の紙誌にも恐れずに切り込んでいく義円の一貫した姿からもうかがえる。

　日本が、国家主義と軍国色を極度に強めていく時代に、よくこれだけの厳しい語調で論戦できたものだと、資料や著作を読みながら改めて受け止めた。同時に、ここまでキリスト者としての立脚点を鮮明にし、人を恐れずに発言していく態度に姿勢を正される思い

1919年、新島襄召天30年を記念して建てられた重厚な大谷石造りの安中教会。（設計／古橋柳太郎。国登録有形文化財）

日本のステンドグラス作家の先駆けとなった小川三知の作。黙示録四章から玉座のキリストと天上の礼拝、ダビデの子キリストの平和、キリストの復活などが表現されている。

探訪6
群馬で宣教40年、柏木義円
安中教会と「上毛教界月報」

もした。もし義円が、今の日本を、さらには現代に生きるキリスト者たちを目の当たりにしたら、どんなことばを投げかけてくるだろうか。

　義円には、もう一つ貫いていることがあった。彼は、何度か東京や横浜に出てくるようにと誘いを受けている。しかし約四十年間、農村の一牧師として安中教会（現・日本基督教団）に仕えたのである。本来教育者であり、特別な神学教育を受けて牧師となったわけではない義円は、地道に訪問伝道を続け、教会から遠ざかっている人にはまめに手紙を書き、人々の話によく耳を傾ける心優しい人であった。また、安中教会の創設者である新島襄の信仰スピリットを最も忠実に受け継いだ人物でもあったという。

　安中教会のシンボルとも言えるステンドグラスは、白百合をバックにした十字架がキリストの受難と復活を意味しており、考案者義円の復活信仰を表していると伝えられる。奇しくも、旧会堂最後の葬儀は義円の妻・カヤの葬儀であり、二年後、ステンドグラスを擁した新会堂最初の葬儀が二十五歳で病に倒れた次男・策平のものであった。

　義円の復活信仰は、『上毛教界月報』の「本誌の主張・二／基督の神の化身顕現なることと十字架の贖罪《しょくざい》と其《その》復活栄化を信ず」にも明確に現れている。そして、人類はすべて神の「同朋兄弟なり」という原点に立たずして、彼の闘いはなかったのではないだろうか。

　一九三八（昭和13）年一月二日、七十八歳の義円は「今日、礼拝始めて欠席」（傍点筆者）と記し、一週間後、眠るように静かに天に召された。死の直前まで確固たる平和へのメッセージを発信し続けた小さな書斎「義円亭」が、今も教会の一隅に遺されている。

安中教会礼拝堂正面。
2本の柱は大理石。

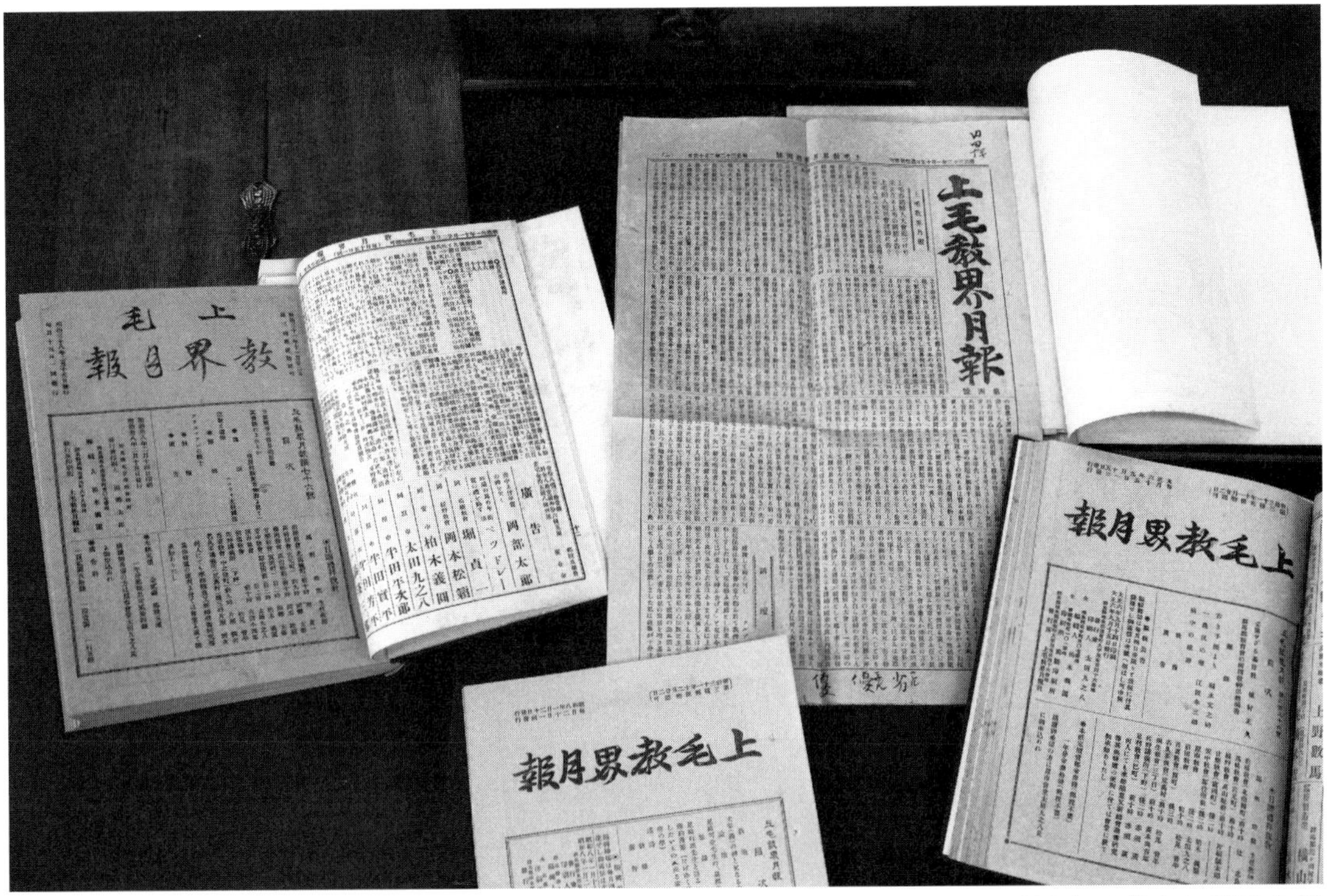

1898年11月から1936年12月まで、38年間発行された『上毛教界月報』。発行当初はタブロイド判で、その後はB５判に変更。発行継続も合本での保存も、教会創立メンバー湯浅治郎の尽力による。(新島学園所蔵)

1927年11月、長男の隼雄夫妻と、孫・貫一の1歳の記念に写真館で撮影。のちに医師となった貫一氏は、義円は非常に子煩悩で優しいおじいさんであったと記している。(写真／柏木家所蔵)

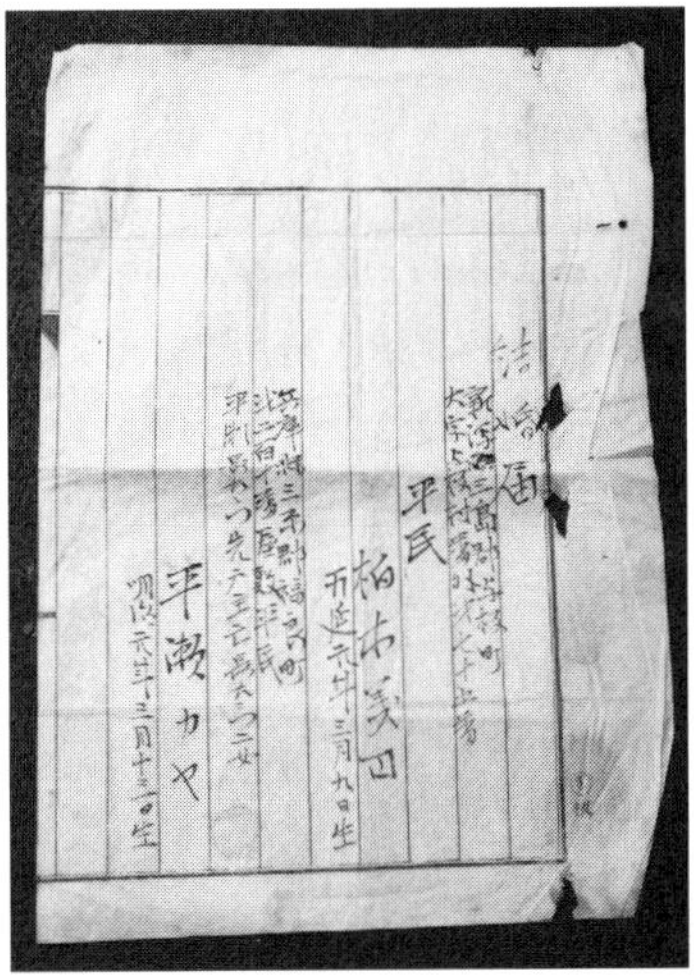

1892年、生誕地の新潟県与板町に届けられた義円直筆の結婚届。西光寺住職子息としての士分待遇を放棄した義円は、自らを平民と記している。妻カヤはこの26年後、8人の子どもを遺し50歳で召天。(柏木家所蔵)

少女は祈った「どんな所へも」

探訪 7

日本の山間地域伝道の礎となった

15人の宣教師

一八九一（明治24）年十一月二十三日、アメリカから十五人の若き宣教師たちが横浜に上陸した。男性六人、女性九人。最年少は十九歳、最年長は三十五歳、ほとんどが二十代後半の青年であった。このうち三人以外は皆、信徒伝道者。彼らは、世界中をくまなく巡って宣教活動を展開していたスウェーデン人伝道者フレデリック・フランソン（スカンジナビアン・アライアンス・ミッション／SAM創設者）の熱き呼びかけに応じたのである。

　十五人はスカンジナビアからの移民一世あるいは二世で、多くはアメリカ西部の山岳・海岸地域出身者で占められていた。したがって日本での宣教も、当時主流であった士族やその子女が対象ではなく、非常に困難な地域に福音を携えていくパイオニア的な伝道だった。

　しかし、東京に居を構え、日本語の習得をしながらスラム街や遊郭での伝道が始められていく中で、最も若いメリー・エングストロムが一人目の殉教者となったのである。来日三か月後の翌年二月二十六日、東京で蔓延していた天然痘に罹《かか》った先輩の宣教師夫人を看病しての感染だった。

　メリーの地上生涯は十九年と四か月。十八歳になったら「異邦人

明治・大正・昭和に、飛騨地域の路傍伝道や天幕伝道で使われた大太鼓とテント。（古川教会所蔵）

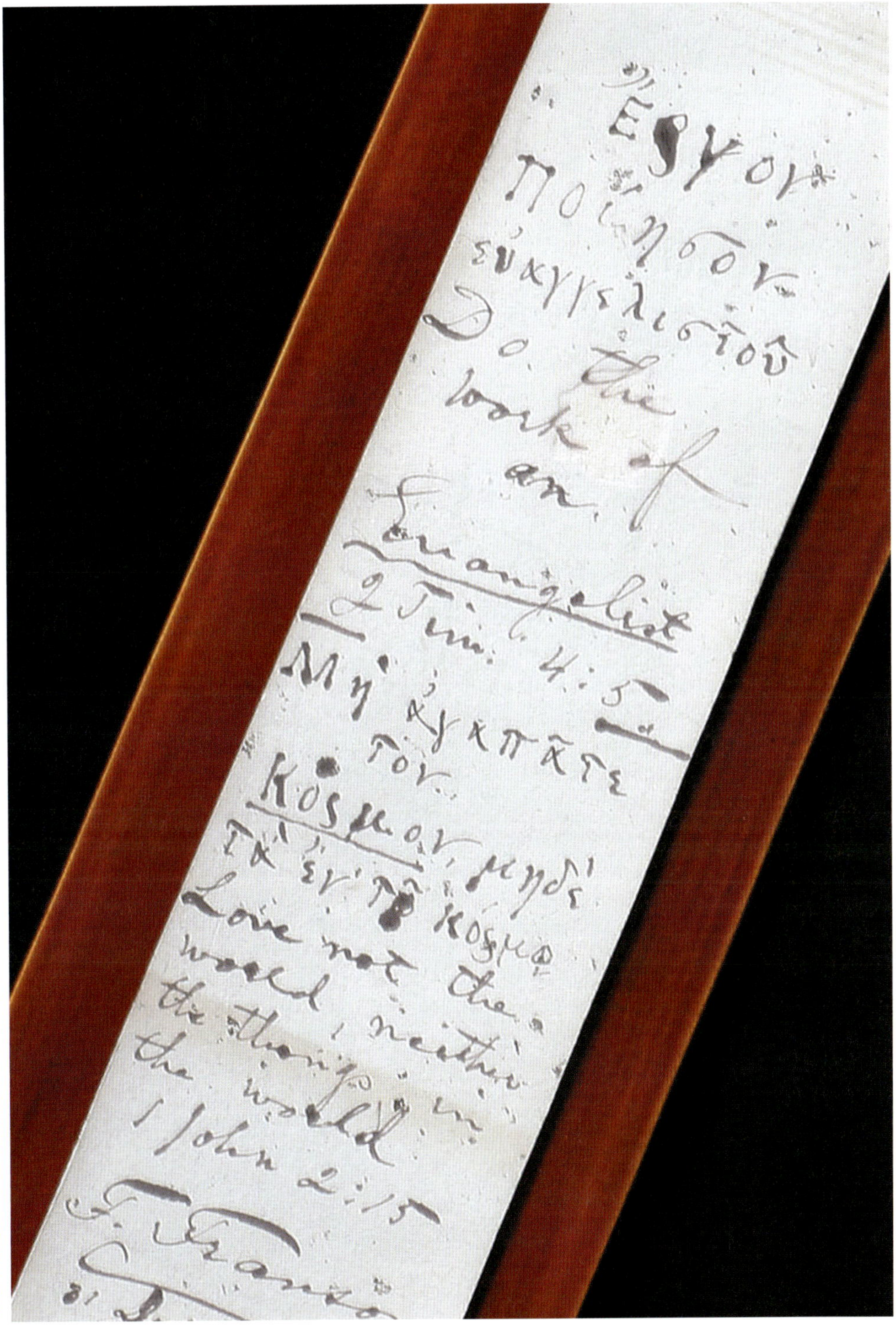

フランソンが三回目の来日（一九〇三年七月）で飛騨伝道の際に、伝道者であり通訳者の田丸源次郎に送った短冊。「Ⅱテモテ四・五、Ⅰヨハネ二・一五」が英語とギリシャ語で記されている。（高山祝福教会所蔵）

の地」に宣教師として遣わされたい、神が道を開かれるならどんな所にでも行きます……と神に約束したとおり、日本宣教の一団に加わったのだった。

彼女は言語に絶する病の苦しみの中で、「宣教師たちを通して多くの日本人が救われ、その上に神の恵みがあるように」と祈った。そして、「イエスさまに会う時は、大勢の日本人と共に」と、宣教に召された時に願ったとおり、日本の地から天国に帰っていった。神はいちばん若い者をとられたのである。が、同僚の宣教師は、「自分たちの働きのために祈るため召された」と記している。

実質派遣式となった葬儀・記念式ののち、宣教師たちは全国に散らされていった。中でも、たどり着くことすら困難だった奥飛騨《ひだ》で果敢に伝道したアンナ・ダニエルソンやハンナ・アンダーソンも、比較的若いうちに体を壊して天に召されている。

時は明治。外国人など見たこともない人々は、「金髪碧眼《へきがん》、悪魔の如き」耶蘇《やそ》の伝道者、「神聖なる仏教地に一人の異教徒も入れず」と憎悪に満ちて妨害をした。しかし、飛騨にはいくつもの教会が生み出され、多くの伝道者が輩出されて今日に至っている。彼女たちが住んだ地域には現在も大きな神社仏閣が多く、当時の迫害の記録が痛みを伴って伝わってくる。

宣教開始百二十五年。国内外に多くの伝道者を送り出し、二百を超える教会を擁している日本同盟基督教団は、この名もなき十五人の宣教師たちの働きと、十九歳の少女の身を呈した祈りを基としている。「地味であるが粘り強く、謙虚な姿勢を持ち、不器用ながらも熱心さをもって伝道地に食い込んでいく」という、彼らが携えてきたスピリットを、一教団にとどまらず、今日の日本のすべての教会が受け継いでいく限り、宣教の拡《ひろ》がりを止めることは誰にもできない。

探訪 7

日本の山間地域伝道の礎となった

15人の宣教師

1906年6月3日、古川教会第1回目の洗礼式。地元では洗礼式をしにくい時代だったため、高山市の宮川で行われた。ハンナ（左から2番目）も参列。（写真／古川教会所蔵）

協力・資料提供／日本同盟基督教団、メリー・アクセルソン

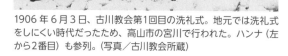

1891年11月23日の日本到着後間もなく撮影された、本国への報告写真。背景に富士山、手前にむしろや盆栽など、日本を象徴する品々が配されている。前列右アンナ・ダニエルソン、2列目右から2人目メリー・エングストロム、一人おいてハンナ・アンダーソン。(写真/日本同盟基督教団所蔵)

来日3か月、19歳で亡くなったメリー・エングストロムと、46年余り日本で宣教し、1937年に召天した姉のクリスティーナ(リンドストロム夫人)の墓誌。(東京・青山霊園内外国人墓地)

現在も古い町並みが保存されている岐阜県高山市上三之町。1899年春、この町内に教会堂が誕生し、1986年の西之一色町移転までここで伝道がなされた。

「真に日本を救ふものは之《これ》である」

探訪8
東奥義塾と弘前基督公会
郷里伝道の熱き思い

本多庸一《よういつ》（一八四九～一九一二）は、日本のプロテスタント教会の始まりである横浜公会（横浜バンド）で「洗礼を受けた侍たち」と称された一人である。のちに日本メソジスト教会初代監督、青山学院第二代院長などを務めた。

一八四八（嘉永1）年、津軽藩上士の長男として弘前《ひろさき》に生まれた本多は、武士となるため、幼い頃から徹底したエリート教育を施された。その彼が初めて聖書に出合ったのは、藩校「稽古《けいこ》館《かん》」（現・東奥《とうおう》義塾）で学んでいた二十一歳の時である。友人が持っていた漢訳聖書だった。天の概念を持つ儒教で育った本多は、冒頭の「初めに神天地を創《つく》り給《たま》へり」の一語に大いなる衝撃を受けたという。

しかし、藩の選抜で横浜に留学し、宣教師たちから聞いたキリスト教に対しては、「多くの点で賛同しかねるものがあり、反発を感じた」と記している。ことに「人はその父と母を離れて云々《うんぬん》」の思想に対しては、日本の社会秩序と平和を破る邪教であり、禁制も当然とまで考えていた（『私の回心』より）。一八七三（明治6）年に切支丹禁教令が撤廃される三年前のことである。その彼をして、のちにパウロさながらの驚異的な伝道活動に駆り立てたものは何だったのか。

一八七二年にバラから洗礼を受けた二年後、本多は、日本に初めて西洋リンゴを紹介したことでも知られるアメリカ人宣教師J・イングを弘前に伴い、東奥義塾をおもな舞台として郷里伝道を開始し

1870年、津軽藩代表の一人として、横浜に留学。宣教師バラやブラウンから英語を学び、初めてキリスト教に直接出合う。左が本多。
（写真／青山学院所蔵）

明治の第一級洋館建築として知られる弘前教会。同教会役員でクリスチャン棟梁として知られる桜庭（さくらば）駒五郎の設計。パリのノートルダム大聖堂をモデルにしたと伝えられている。（1906 年竣工、青森県指定重要文化財）

探訪8

東奥義塾と弘前基督公会

郷里伝道の熱き思い

た。その結果、一八七五（明治８）年十月、東北地方最初のプロテスタント教会として、弘前基督公会（現・弘前教会）が誕生した。本多は東奥義塾の塾頭や県会議員でありながら、青森県内各地を行き巡り、自由民権運動を説きつつ福音を伝えた。

また、本多にしかなし得ないと言われた日本の三メソジスト教会（アメリカ南部・北部メソジスト、カナダ・メソジスト）を統合する。初代監督就任直後の約半年間、北海道から沖縄、韓国に十一回、合計二万キロ（汽車、船、徒歩、人力車）に及んだ伝道旅行を皮切りに、六十五歳で長崎で客死するまでそれは続けられた。

本多は、青年時代から政治家、伝道者、教育者という三足の草鞋《わらじ》を履き、それぞれ要職にあった。政治面では、総理大臣にすらなれたであろうと評した一文もある。しかし、四十二歳の時、アメリカ滞在中の落命寸前の列車事故を契機に、政治の道よりも、「祖国日本の救いのため」伝道と教育に専心する決心をしたのである。その後の彼の生涯は、「さらば、九州も東北もあるものでない。凡《およ》そ人類たる人類は、皆、この救道で救われねばならぬ」という姿勢に貫かれていた。

常に国政寄りに見られる本多であるが、晩年、国のあまりの国粋主義傾向を憂えている。このことからも、国家のキリスト教に対する誤解を解くため、入信当初から自らに与えられた立場を自覚していたのではないかという見方があるのもうなずける気がする。

「神なく基督なくして人間らしき生涯を送らんとするは、難《かた》しと謂《い》わんより寧《むし》ろ愚なり。来たれ、来たりて、イエスの力を得よ」（『我が信仰の理由』／本多庸一先生説教集）

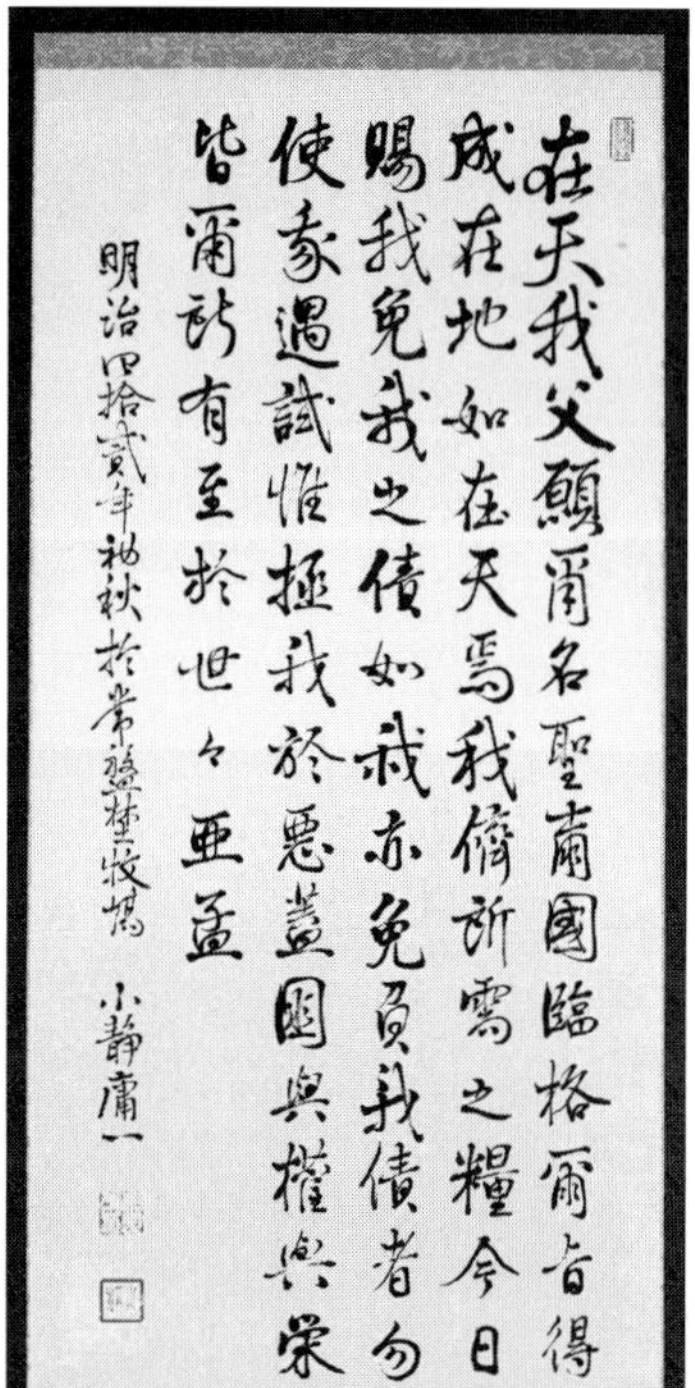

武士の心得として、幼少の頃から漢学、朱子学、陽明学などを学んだ本多はまた好んでよく書をしたためており、多くの遺墨がある。写真は長さ1メートルを超える「主の祈り」。（弘前学院所蔵）

「キリシタン信徒の完全」と題した説教の直筆原稿（説教集では「基督信徒の完全」）。欄外に明治 36 年 2 月と 5 月に 3 か所でなされたらしきメモ。冒頭の引用聖句はⅠヨハネ 4：17。（青山学院所蔵）

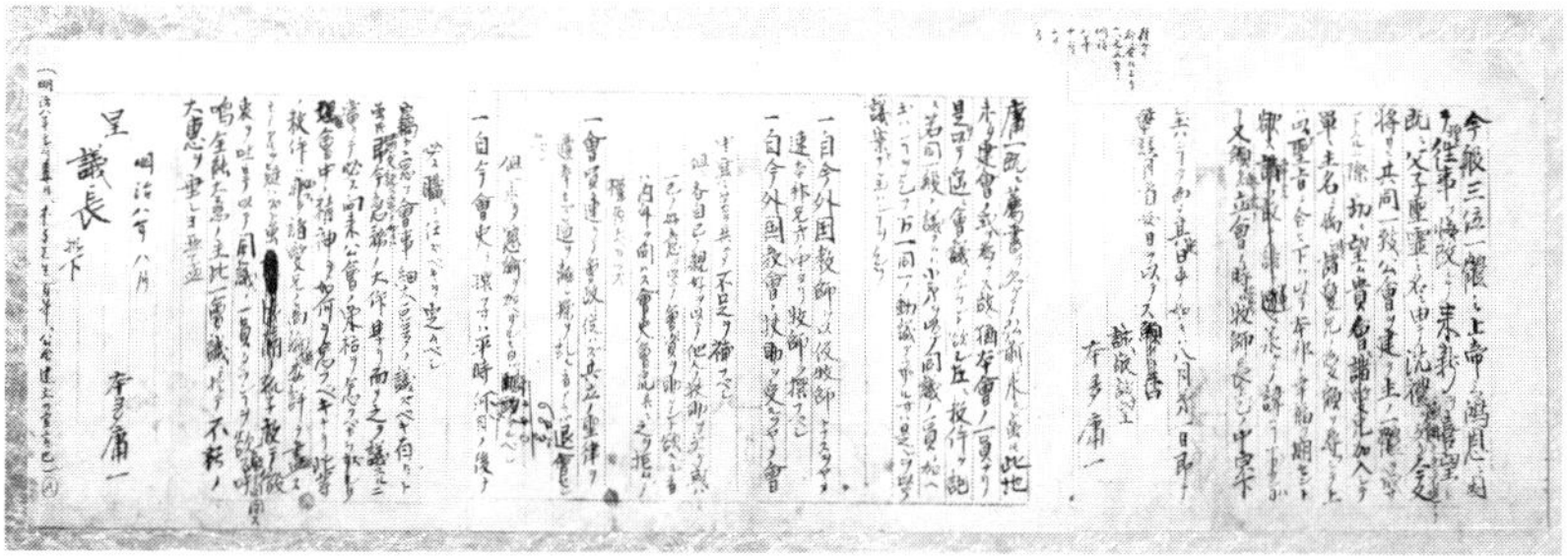

1875年8月、横浜公会に宛てて提出した弘前基督公会の創設願いと建立宣言建議案の、本多による下書き。（東奥義塾所蔵）

本多の書による教会の看板。1904 年に前教会堂が焼失した時の焼け跡が残っている。現在、オリジナルは礼拝堂内に掲げられ、入り口に設置されているのはレプリカ。

探訪9

日本の水産学研究の草分け

内村鑑三と天然学

「天然の堅き基礎の上に」立たずして……

ここに一つの標本がある。アワビの発育と繁殖を表したもので、製作は一八八二（明治15）年。製作者は札幌県（同年より北海道は函館、札幌、根室の三県となる）民事局勧業課員・内村鑑三（一八六一～一九三〇）。当時内村は、新進気鋭の水産学研究者だった。

この標本に、内村の自然と宇宙への概念、さらにはその創造者である神への畏敬の念を見て取るのは深読みだろうか。小さな物から大きな物へ一方向の羅列ではなく、渦巻き状に広がりをもって並べられているところに、信仰者であり科学者である内村のユニークさが現れていると言われる。彼は、顕微鏡を覗《のぞ》いて初めてアワビの卵をみとめた時、歓喜のあまり実験の手を止めて山に登り、万物の創《つく》り主に感謝の祈りを捧げたという。

内村の信仰の始まりが、札幌農学校入学直後、先輩たちによる強要であったことは一般に知られている。わずか十六歳だった自分は、とうてい抗《あらが》いきれなかったと記している。しかし、その後の充実した農学の学びは、神との個人的な出会いと信仰の確立に彼を導いていった。天地宇宙を創造した唯一の神を信ずる感動をもって内村は、「山野を跋渉《ばっしょう》し、谷の百合《ゆり》、空の鳥を観察し、天然を通して天然の神と交わらんこと」（『余は如何《いか》にして基督信徒となりし乎《か》』岩波文庫）を求め続けた。

幼少の頃から自然に親しんで育った内村にとって、農学・天然学（内村は

1908年に建てられ、内村が後半生にわたって聖書を講じた今井館内部。建築当初は東京・新宿にあったものを目黒区に移し一部復元したもので、おおむね当時の雰囲気が感じられる。

札幌農学校卒業後に北海道開拓使御用掛（のちに札幌県民事局勧業課勤務）となった内村が作製したアワビ発育過程の標本。（北海道大学植物園・博物館所蔵）

1882年に小樽・祝津で調査された報告書。アワビに関する報告としては日本で最初のものと思われる。（北海道大学植物園・博物館所蔵）

探訪 9

日本の水産学研究の草分け

内村鑑三と天然学

しばしば、動植物学、水産学、宇宙科学などを含めて天然学と称している）は単なる学問ではなく、心からの楽しみであり、神の創られた自然を愛する思いの表れであった。また、当時にしてすでに、この偉大な美しい自然を守り伝える必要があると随所で語っていることも目を惹《ひ》く。

　農学校卒業後の内村は、ほんの一時期ではあったが、黎明《れいめい》期の日本の水産学会に大きな足跡を残した。彗星《すいせい》のように現れ消えていった若き水産学者は、いずれは世界的な研究者になるであろうと嘱望されていたのである。

　研究現場を離れ、「余（自分）が今漁《すなど》りつつあるものは鰊《にしん》、鱈《たら》、鮭《さけ》ではなくして人である……網を引かずして道説く者である」（『内村鑑三全集14・神学耶農学耶』岩波書店）として生業を変えたが、彼は生涯科学者であり続けた。聖書の研究方法、解き方、物の見方はおおむね実験的であり、分析的であり、事実を事実として認める明快さは変わらなかった。

　反面、日記や書簡、詩作などには自然を讃《たた》える細やかな描写や表現がしばしば見られる。そして、真理と神とに達するにはまず自然に身を置くことであると、一貫して人々に勧めているのである。神は、この並はずれた知者を用いられる前に、大自然を通しての学びと賛美と神への屈服とを、楔《くさび》として打ち込まれたのではないだろうか。

　「余が若《も》し少しなりとも神とキリストに就《つい》て知る所があるならば、其《そ》れは神学書と神学者とに由《よっ》てよりは野と丘と川と海と其《その》中にあるすべての者より教へられたものである」（『神学耶農学耶』）

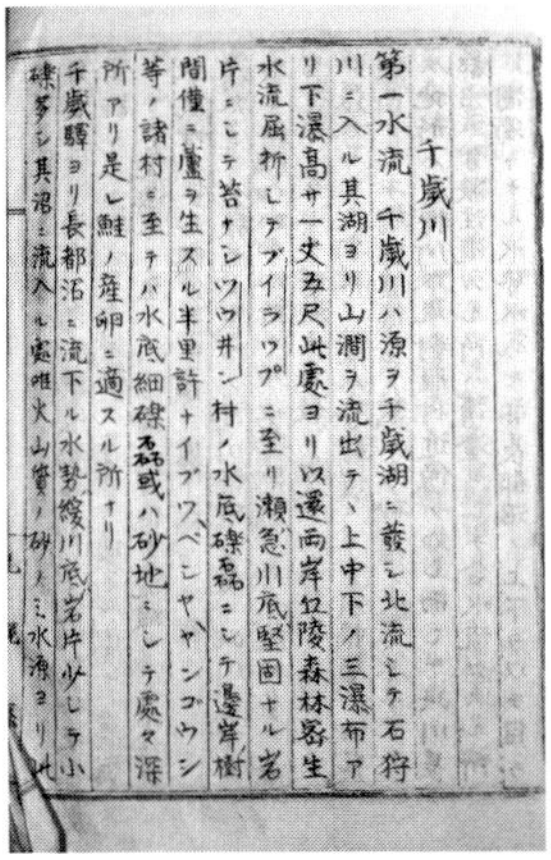

内村の直筆による千歳川の実地調査報告書で、札幌県に提出されたもの。（北海道立文書館所蔵）

大日本水産会機関紙『大日本水産会報告』の創刊号（1882年）。内村はこの大日本水産会結成の一員でもあり、創刊より多くの研究論文を寄せている。（国立研究開発法人水産研究・教育機構中央水産研究所所蔵）

札幌農学校時代の信仰の友で植物学者の宮部金吾が設計・造営した北大植物園の敷地内にある博物館。内村はこの前身となる開拓使札幌仮博物場で働いたと言われている。（一八八二年竣工、国重要文化財）

2015年に耐震・外装の補修工事がなされる前の外観

苦しみと逆境を耐え抜いて

探訪10
社会の向かい風をはね返した
女性医師のさきがけ

日本で初めての政府公認女医が誕生したのは、一八八五（明治18）年三月。四人の女性受験者の中でただ一人合格した荻野吟子（一八五一〜一九一三）にとって、十九歳で医師を目指して以来十五年目の悲願達成であった。ここまで吟子の味わった辛苦は、筆舌につくしがたいものがある。そればかりか、その後の人生も決して平坦ではなかった。

吟子が初めての結婚に破れたのは十九歳。夫にうつされた病のために不妊の体になり、三年間の忍耐ののち、自ら実家に戻ったとされている。当時は不治の病と言われた性病の苦しみと、男性医師による診察の屈辱から、彼女も医師を目指すことになる。のちにキリスト教に出合い、十三歳年下の名もなき伝道者と再婚。女医としての地位も名誉もなげうって、夫の目指すキリスト者の理想郷建設に協力するため、厳寒の北海道に移住した。

幕末に生まれ明治に生きた吟子の生涯は、まさに新しい時代が来たことを象徴するかのような歩みであった。吟子は、女性が社会で初めて経験する向かい風を一身に受け、それをはね返し、独自の道を切り開いていった。当時の女性としてはまれにみる、自らの意志を貫き通した一生であったと言えよう。

彼女の生まれた武蔵国播羅《はたら》郡俵瀬《たわらせ》村（現・埼玉県熊谷市）、ことに群馬県境の旧・妻沼《めぬま》町一帯は、しばしば利根川の氾濫に見舞われていた。豪農の荻野家はその度に再興し、庄屋として地域

1879年に東京女子師範学校（現・お茶の水女子大学）を卒業した時の写真。吟子（後列左端／当時28歳）は首席で卒業した。（写真／お茶の水女子大学附属図書館所蔵）

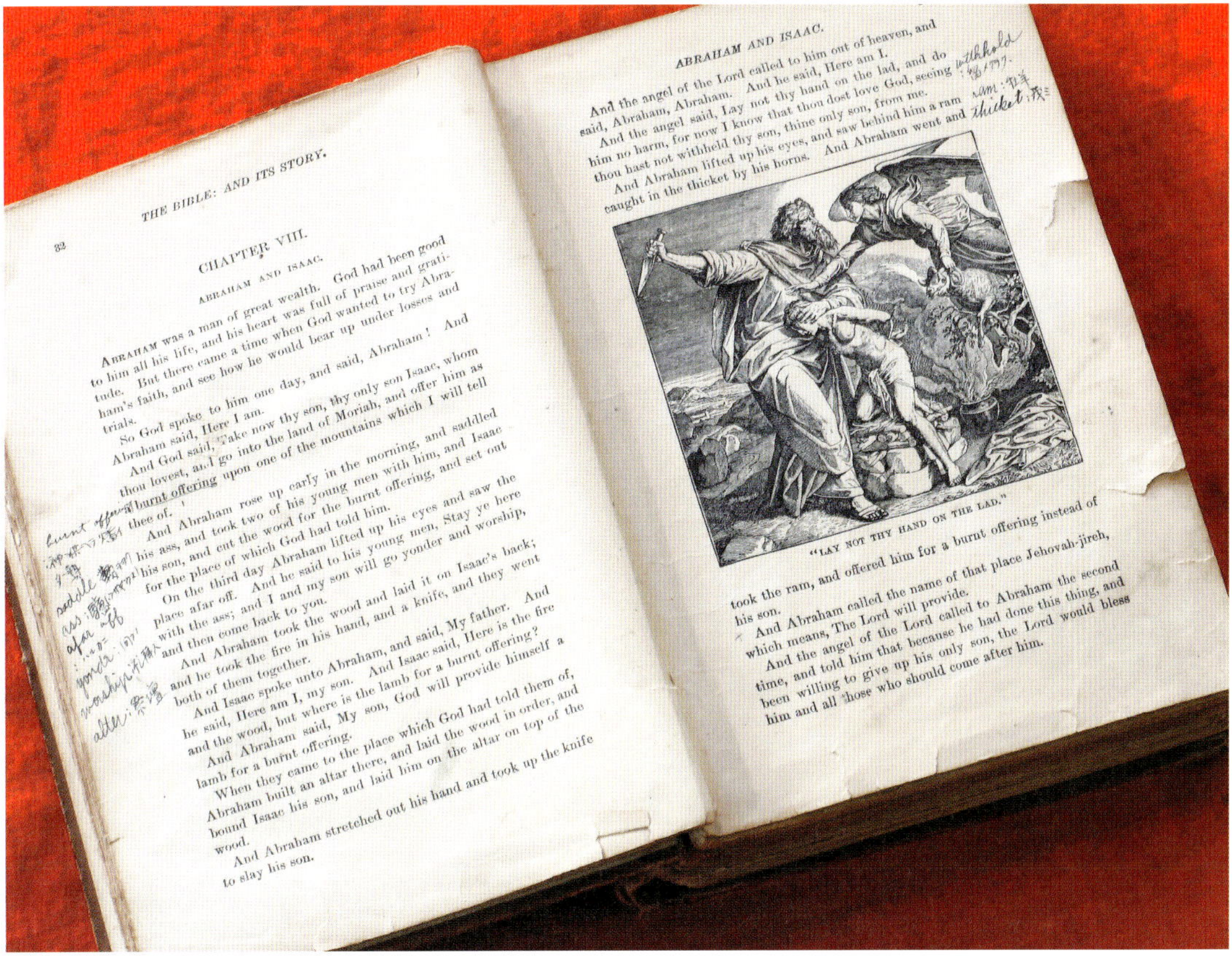

単語の訳が書き込みされている愛用の英語聖書。図版はアブラハムがイサクを神に献げる場面。(せたな町瀬棚郷土館所蔵)

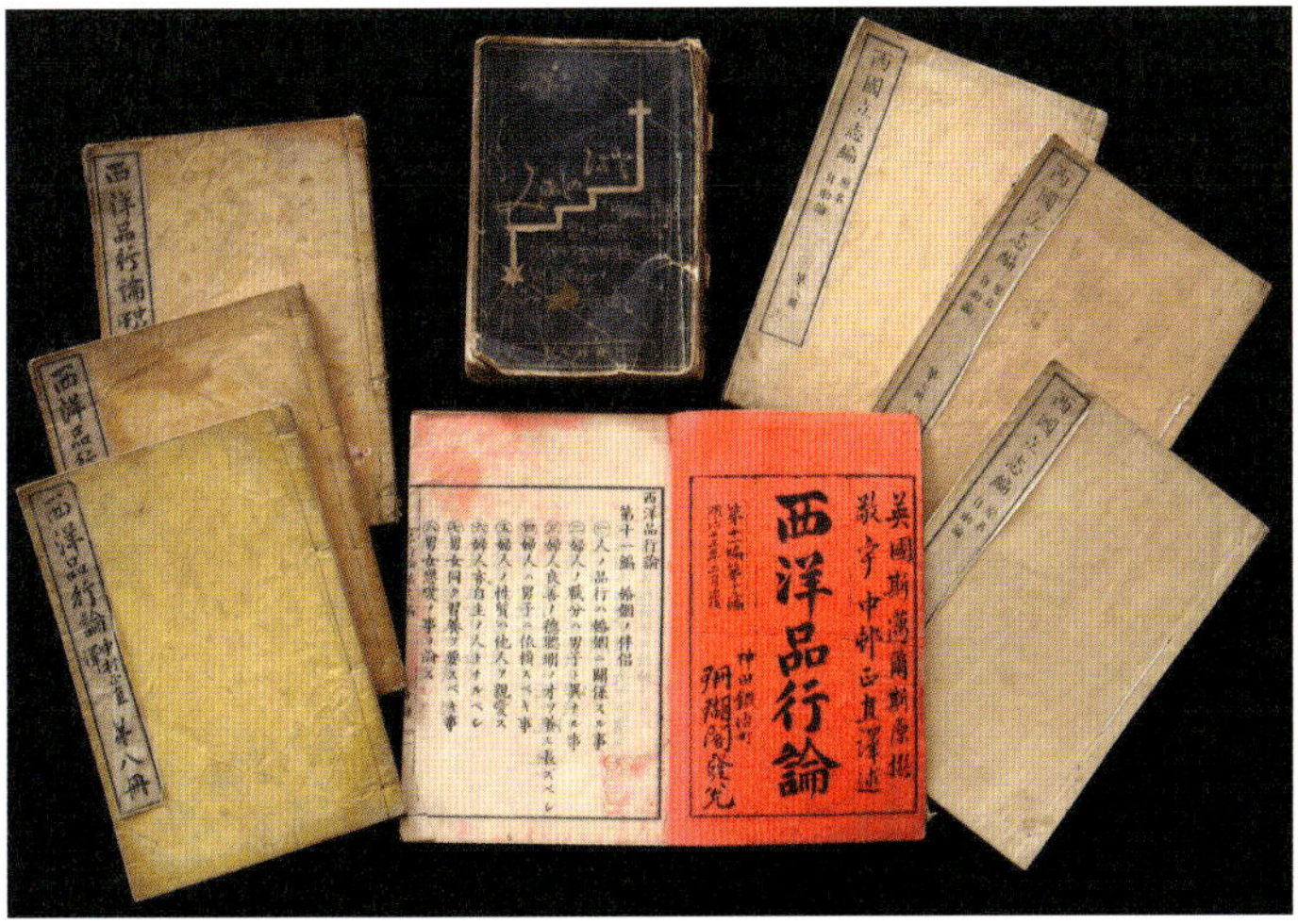

吟子の愛読書の一部。「西洋品行論」「西國立志編」は明治期における著名な翻訳本。「みあしのあと」(中央上)はキリスト教書籍。(せたな町瀬棚郷土館所蔵)

を治めていた。そうした利根川気質ともいうべき気概と、「女に要《い》らぬ利発ぶり」と父に言わせるほどの聡明さを、幼い頃から吟子はもっていた。

医学を学ぶため、勘当同然で東京に出た彼女は、現代では想像もつかないほどの男尊女卑の中、罵倒と嫌がらせに耐えつつ男性に混じって励んだ。しかし、前例がないため女性は医師開業試験を受けられない。再三にわたる陳情の末、ようやく受験資格を得たのである。医師になるまでの吟子を支えていたエネルギーは、男性社会から受けた屈辱と負けん気の強さであった。

そんな時期に吟子はキリスト教に出合う。一八八四（明治17）年、京橋新富座の伝道講演で初めて聞いた「神に創られた人間は男女を問わず全て平等で、その人格は尊重されるべきである」という教えに魂は覚醒され、当日もらった聖書を貪るように読み始めた。

翌年、本郷湯島で医院開業後たちまち評判となり、手狭になったため下谷黒門町に移転。吟子は自ら病んだからこそ、女性患者の痛み苦しみが理解できた。同時に、男性優位の理不尽な社会に、医学だけで人を救う限界も痛切に感じていた。救いは信仰によるしかないと確信した彼女は、一八八七（明治20）年に海老名弾正より洗礼を受け、キリスト教婦人矯風会の風俗部長としても尽力した。のちに記しているように、「悲哀ある人之《これ》に接する時はいつしか其《その》悲しみを忘るるに至る」と、自身も神から大いなる慰めを受けていたことが読み取れる。

「人その友のために己の生命《いのち》を棄つる、之より大なる愛はなし。」（ヨハネ15・13）

吟子が最も愛した聖書のことばである。怒りのエネルギーで、歯を食いしばって生きてきた彼女は信仰によって変えられ、以来その生涯は、死に至るまで神の愛の力によって突き動かされていった。

（荻野吟子に関する年代表記は資料により多少異なります）

探訪10

社会の向かい風をはね返した 女性医師のさきがけ

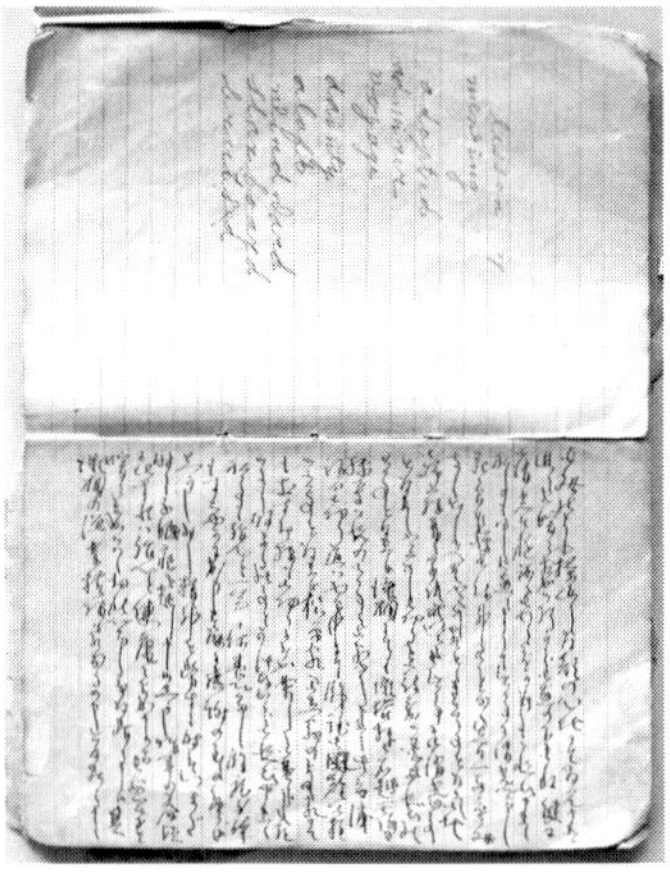

メモ書きのように、その時々のさまざまな事柄が書き込まれている吟子直筆の手帳。（せたな町瀬棚郷土館所蔵）

キリスト者の理想郷建設を目指して、夫・志方之善（ゆきよし）らとともに開拓生活を始めた、現在の北海道瀬棚郡今金町神丘の景色。入植当時は原生林で覆われていた。

東京・日本基督教団弓町本郷教会（一九二六年竣工）。吟子はこの教会の前身である湯島金助町講義所の時代に海老名弾正から洗礼を受けた。

日本の心でキリスト教を

探訪11

日本最初のオリジナル賛美歌

「組合教会讃美歌」

国学者・松山高吉《たかよし》（一八四七～一九三五）は「関貫三」と名を偽って（注）、宣教師D・C・グリーンの日本語教師になった。新来の耶蘇《やそ》教（キリスト教）が広まる前に批判・排撃するためには、その実態を探り研究する必要があったからだ。一八七二（明治5）年、切支丹禁令の高札が撤廃される前年のことである。

国学者であり、儒学者・漢学者でもあった松山高吉は、一八四七（弘化4）年、越後の糸魚川《いといがわ》に生まれた。彼は、茶人で俳句・易学に精通した父親のもと、徹底した和学教育の中で育てられた。長じて、国学者・平田篤胤《あつたね》の息子である鉄胤《かねたね》に師事、勤王の志士としても活躍している。

そんな松山が、さらに国史学・儒学・神道などを極め、有能な研究者として台頭しつつあった頃に出合ったのがキリスト教だった。

持ち前の研究者魂で聖書を熟読し、グリーン夫妻らの高潔な人格にふれていくうちに、彼は全くキリストの教えに心を捉えられ回心する。グリーンが伝道を開始した摂津第一基督公会（現・日本基督教団神戸教会）の創立メンバー十一人の一人として、一八七四（明治7）年、二十七歳で洗礼を受けた。短期間に習得した松山の聖書知識にグリーンも驚きの目を向け、同年始まった各教派合同の新約聖書翻訳の助手として横浜に伴っている。合同翻訳を呼びかけ「聖書翻訳社中」を組織したヘボンも、松山は自分が出会った最良の教師だと語っている。

その松山が、日本で最初のオリジナル

神戸教会の開拓伝道の一環として、1887年、北神地域の山田村（現・神戸市北区）に創設された山田講義所のぶどう瓦。漢字の十にも見える十字架が、鬼瓦だけでなく屋根瓦にも刻まれている。（日本基督教団神戸教会所蔵）

ステンドグラスや照明器具も建築当時のままのモダンな神戸教会礼拝堂（内装を一部補修）。阪神・淡路大震災では救助活動にも使われた。パイプオルガンは、震災後、市民の心の慰めにと設置され、定期的にコンサートを開催。

1874（明治7）年、日本で初めて編纂され、6冊が同年に出版された各教派の賛美歌集。和紙に木版印刷のものと洋紙に活字印刷のものがある。主の祈りや十戒が収録されているものが多い。中央上が「組合教会讃美歌」。（神戸女学院大学図書館所蔵）

（注）松山家は一時期、関姓を名乗っていた時期があった。

探訪11
日本最初のオリジナル賛美歌
「組合教会讃美歌」

賛美歌作家の一人であった。彼の作品は、摂津第一基督公会創立当初に使われていた「組合教会讃美歌」に二曲収められ、その後も訳詞・作詞ともに、幾つもの賛美歌が歌い継がれてきた。これらはいずれも、優れた国学者であることを彷彿とさせる格調高く美しい日本語であると評されている。

「組合教会讃美歌」に収められた作品は、当然、松山が信仰に導かれた直後のものである。この二曲には「まよひつつゆく　われをしも　たすけたまわん　あまつかみ」、あるいは「われをいこわせ　ちちのかみ……たたへまつりて　うたひつつ」と、数々の学問に身を投じ研鑽を積んだ彼の、ようやく辿り着いたキリストの神への心情を吐露しているようにも受け止められる。

松山は前述の新約聖書翻訳後、神戸教会の初代牧師として四年を過ごしたのち、再び旧約聖書の翻訳（一八八七年完訳・明治訳聖書）事業に携わる。同時に「新撰《せん》讃美歌」をはじめ数多くの賛美歌の編纂に加わっている。また、神戸教会と深い関わりをもつ神戸女学院や同志社、平安女学院などでも教鞭を執り運営に参画するなど、生涯にわたってキリスト教の定着と発展に少なからぬ貢献をしてきた。

彼は、一九三五（昭和10）年に八十八歳の生涯を終えるまで、国学者の視点に立って日本語への誇りを持ち、さらにはキリスト教の日本への土着化を模索・探求し続けた生粋の日本人キリスト者であった。「わがやまとの国をまもり　あらぶる風をしずめたまえ」で始まる松山作詞の讃美歌四一五番は、彼の愛国心と神への信頼を伝えてくれる。

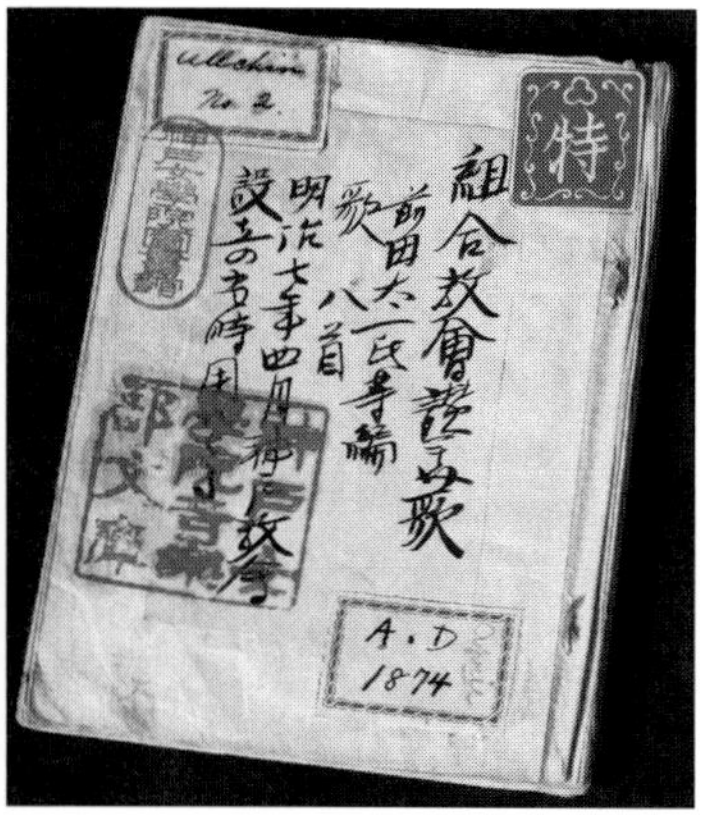

日本で最初に編纂・出版された賛美歌集の一つ、「組合教会讃美歌」。収録された8曲中3曲は初めて日本語で作詞されたオリジナル曲。うち2曲は松山の作詞。摂津第一基督公会（現・神戸教会）創立時に使われていた。タテ13㎝、ヨコ9.5㎝の木版刷り。（神戸女学院大学図書館所蔵）

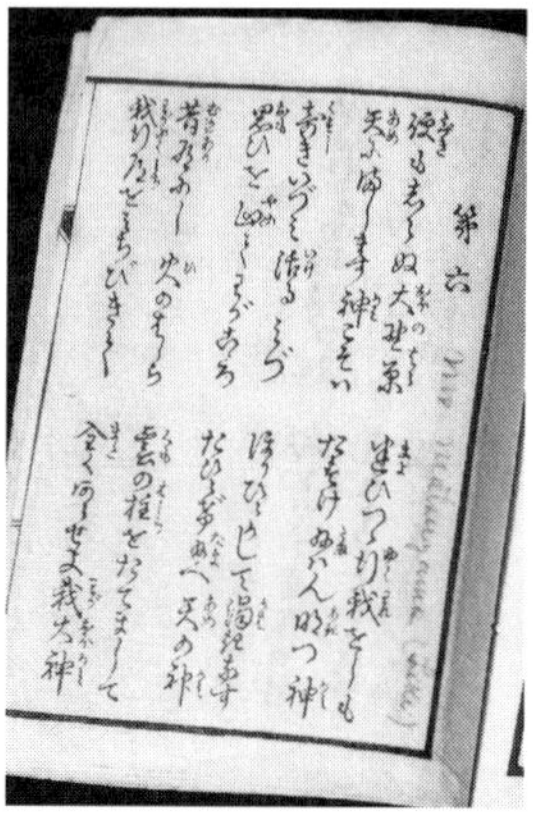

「組合教会讃美歌」に収録された松山高吉の作詞による賛美歌。花鳥風月を取り入れた日本語独特の七五調の歌詞。松山はのちに詩に手を加えて、より美しい日本語にした。（神戸女学院大学図書館所蔵）

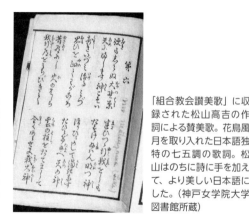

創立一四三年を迎える神戸教会は、西日本最古の日本人プロテスタント教会。現在の教会堂は一九三二年竣工。戦時中は陸軍に接収され、外壁をコールタールで黒く塗装したため敵機の攻撃目標から免れた。一九九五年の阪神・淡路大震災の被害で一部損壊したが、神戸の象徴的な建造物として今も生きている。（写真は近年補修される以前）

文学を伝道の武器として

探訪 12

伝道者・植村正久の試み

西欧文学の導入

テニソン、ブラウニング、ワーズワース、カーライル、バイロン、そしてトルストイやユーゴー、イプソン、ゲーテ……。植村正久（一八五八～一九二五）は自著『真理一斑』や、自身の主宰する『日本評論』など多くの紙誌を通して、夥《おびただ》しい数の外国の詩人や作家の作品を、私たち日本人に紹介してくれた。彼自身、詩を詠《よ》み、聖書翻訳に携わり、作詞においては賛美歌集に収められているものもある。

植村正久は正統的長老派の伝道者、教育者、驚異的な執筆活動などで知られている。一方、威風堂々たる風貌からは想像しがたいが、情感豊かな文学作品、ことにイギリス詩を好んでいた。また彼は、人格的あるいは信仰的に共感を覚えたテニソンやブラウニングなどの作品だけでなく、厳格なキリスト者からは敬遠されがちな作風のバイロンやバーンズの詩をも紹介しているのである。そういった作品を一刀両断のもとに切り捨てるのでなく、人間の悲哀と心の襞《ひだ》を読み取り、作品性に目をとめていく懐の深さを持っていたのは、牧会者としての視点が根底にあったからだろうか。

加えて、開国以来押し寄せてきた西欧文化を丸ごと取り入れたわけでもなく、「西洋崇拝だとか、気障《きざ》な事が嫌ひで日本人の長所を強く信じていた」（『植村正久伝・序』青芳勝久著）と、三女で牧師・婦人運動家の植村環《たまき》は父を見ている。

植村の牧会は東京・下谷講義所から始まり、下谷一致教会、一番町教会となり、1906 年、麹町に大会堂を建てて富士見町教会と称したが、1923 年の関東大震災で全焼。写真は、被災後直ちに建てられたバラックの仮会堂。（写真／日本基督教団富士見町教会所蔵）

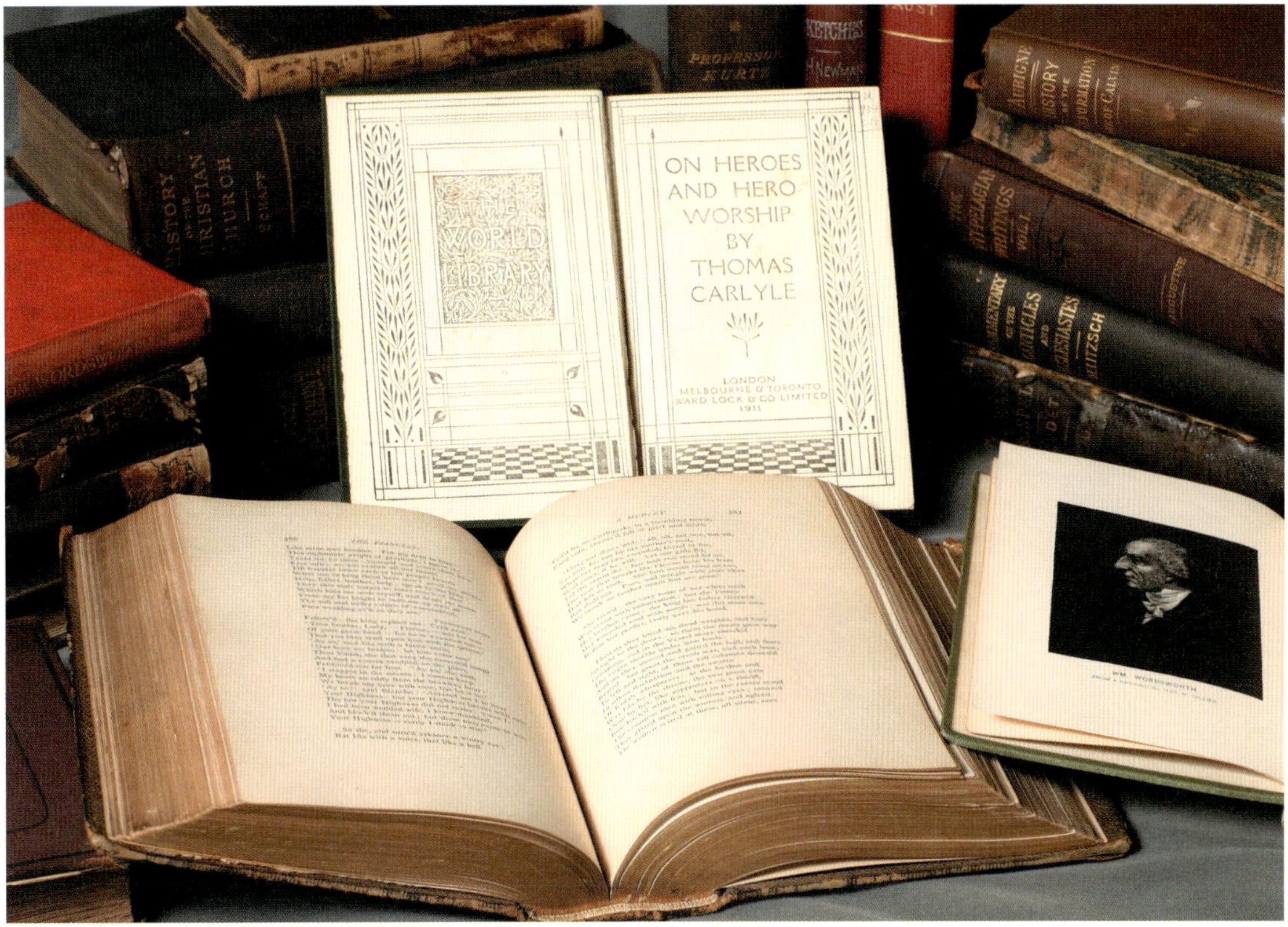

植村は、十代の頃から英語・英文学を深く学んでおり、数多くの外国文学作品や作家・詩人を文明開化後の日本に紹介した先駆者でもある。写真は彼の蔵書の一部で、テニソンやカーライルらの作品。（恵泉女学園大学図書館所蔵）

一八八三年五月、大リバイバルが起きたと伝えられる第三回基督教信徒大親睦会（於・東京）。内村鑑三、新島襄、海老名弾正、小崎弘道、金森通倫他、代表的な指導者たちが顔をそろえる。若き日の植村は、後ろから二列目左から五人目。（写真／国際基督教大学図書館所蔵）

探訪12
伝道者・植村正久の試み
西欧文学の導入

そんな植村の元には多くの文人が集まっていた。彼から洗礼を受けた国木田独歩や正宗白鳥はじめ、教会に出入りしていた島崎藤村等々、信仰生活やその後の生涯には諸説あるが、植村の人格と教養、キリスト教信仰は、彼らに少なからぬ影響を与えたと言われる。

もともと徳川幕府の旗本であった植村家は、維新後に没落した。赤貧洗うが如《ごと》きの生活の中から、「家運回復の待望心に燃え」て宣教師バラの私塾に通いながらも、「立身出世できますように」と、日々熱心に神社に詣でていたと、植村は自伝に記している。ほどなく、宣教師を通して唯一神信仰に感銘を受けて入信してからは、伝道一筋の生涯を歩み通した。

彼ら士族出身のキリスト者たちは、しいて社会に目を向けたのではない。生来、天下国家を見据えて論じ合い、日本の将来を模索していた青年たちがキリスト者となったからこそ、スケールも大きく、ダイナミックな伝道ができたと言えないだろうか。

その中で伝道者植村は、明治半ば以降台頭してきた文学の影響力、特に若者にいかに強い感化を与えているかを実感していた。あくまでも牧師であることを基軸にしつつ、文学という分野に切り込み、それを伝道の武器としていくことこそ、自らに与えられた使命と受け止めていたのではないか。彼の遺したことばは、今も響いてくる。

「伝道用の文学不完全にして、其《その》文体の雅俗なるを問はず、此《これ》こそ適当なれと思へるものに見当たらざりし……伝道上の不利益何物か之に若《し》かんや。恰《あたか》も武器整頓せずして戦ひに臨めるが如《ごと》し。……筆を献げて此の任に当たるは、基督教を信じて文学の才能を有する者の責任なり……伝道文学今にして起こらざれば、余輩は伝道の前途甚《はなは》だ覚束《おぼつか》無きを感ぜざるを得ず」（『福音新報』一九〇一年七月十日より）

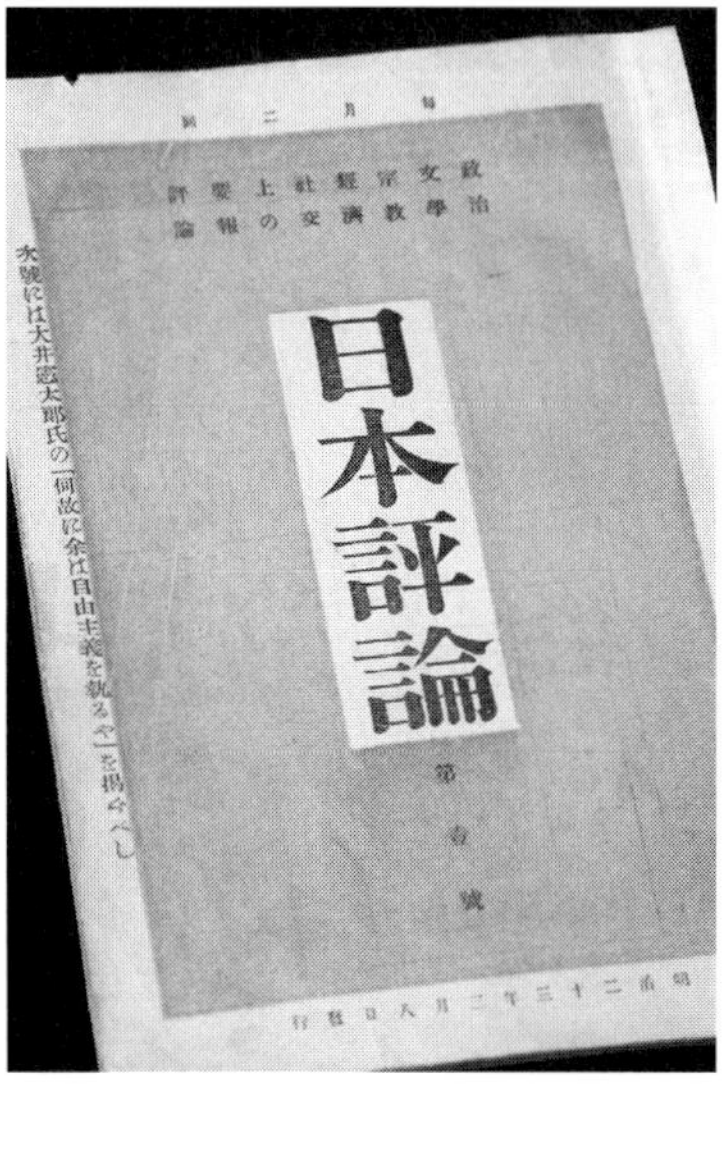

明治憲法公布（1889年2月）により、キリスト教は反国家的であるという風潮が高まったのを受けて翌年3月、植村が創刊した雑誌『日本評論』。賛同する多くの著名な政治家、文学者、教育者等々が寄稿しており、彼の人脈と交友の広さが伝わってくる。（日本近代文学館所蔵）

一八八四年、植村二十七歳の時に出版された『真理一斑』。彼の代表作であるとともに、明治・大正期に多くの人々に影響を与えた名著。宗教の意味と真理の特質が、斬新な哲学思想を軸に、特有の名文で綴られている。表紙は初版、後ろの本文は再版のもの。（明治学院大学図書館所蔵）

隠れキリシタンの里・茨木

三百年の時を越えてあの絵が

聖フランシスコ・ザヴィエル像（神戸市立博物館所蔵／61.0㎝×48.7㎝）

(Photo : Kobe City Museum / DNPartcom)

茨木市立キリシタン遺物史料館

史料館の右隣にある東家（右の絵はここから発見された）

和洋折衷の外観の茨木市立キリシタン遺物史料館

史料館にはキリシタン時代の貴重な品々を展示

ザビエルの絵が入っていた「あけずの櫃」(82.0㎝×10.5㎝×10.5㎝)

本篇では、一八五九（安政６）年、アメリカ人宣教師Ｊ・Ｃ・ヘボンらが来日して伝えたプロテスタント・キリスト教の流れの中から生まれたエピソードを紹介した。宣教師たちが日本で公に伝道できるようになったのは、一八七三（明治６）年の「キリシタン禁令の高札」撤廃以降。明治初期、カトリック、プロテスタント共に目覚ましい勢いをもって全国に広がっていった。

　しかし、日本キリスト教史の夜明けと言うならば、やはりフランシスコ・ザビエル（一五〇六～一五五二）の日本宣教からである。一五四九（天文18）年八月、鹿児島に上陸してわずか二年足らずの滞在だったが、ザビエルの語る神の教えと果敢な宣教活動は、戦国時代のこの国に多大な影響を与えた。

　誰もが一度は目にしたことのあるザビエルの絵。描かれた年代は諸説あるが一六二〇年前後、日本人の狩野派に属するキリシタン画家によるものとされている。すでに禁教の嵐が吹きまくっていた時代、これだけの大きく精度の高い絵がどこで描かれたのだろうか。当初は掛け軸仕立てで、

上野マリヤの墓碑は、小高い丘を分け入った場所で発見された

キリシタン遺物や墓碑が多く発見されたクルス山と呼ばれる地域

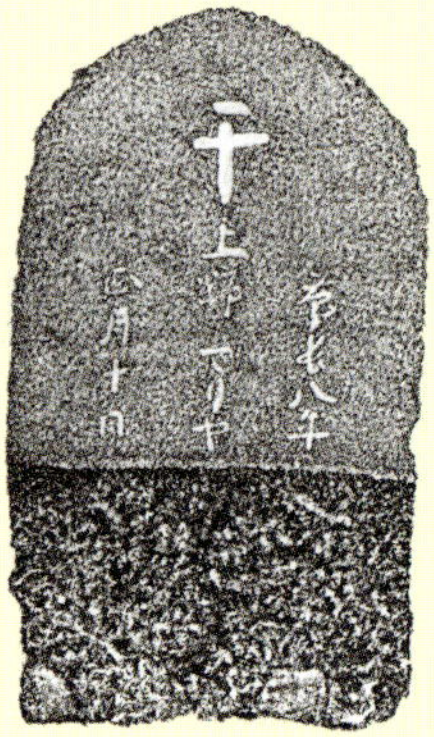

上野マリヤ墓碑拓本

マリア十五玄義図（千提寺・東家所蔵）

キリシタンたちが密かに集まり、礼拝する時に使われたものとも伝えられている。

さらに驚くのは、この絵が禁教時代どころか、およそ三百年のも間損なわれることなく保たれて、大正年間に発見されたことである。一九二〇（大正９）年九月、大阪府茨木市千提寺《せんだいじ》の東《ひがし》藤次郎氏の母屋の屋根裏にあった「あけずの櫃《ひつ》」と呼ばれる細長い筒状の木製の箱に収められていたという。もともと三本あったうちの二本は火事で焼失、黒こげになって残った一本から、このザビエル画像や「マリア十五玄義図」「木製キリスト磔刑像《たっけいぞう》」など数々の貴重な品々が発見されたのだ。

この発見に先立って、前年、同地域の墓地で「上野マリヤ」の墓碑が見つかっている。それは、村の若い衆が力比べに使っていた大きな石で、前述の東氏と寺の住職・藤波大超氏が調査・発見。石には「干 上野マリヤ」「慶長八年」（注・一六〇三年）「正月十日」の文字が見て取れた。干は、一と十の間が離れているので、キリストの十字架を模した罪状書きと十字架と思われる。

これにより東氏は、古くから家にあった

木製キリスト磔刑像（左）と、その両腕が外されて収められていた青銅製筒（右）。

厨子《ずし》入り象牙彫キリスト磔刑像

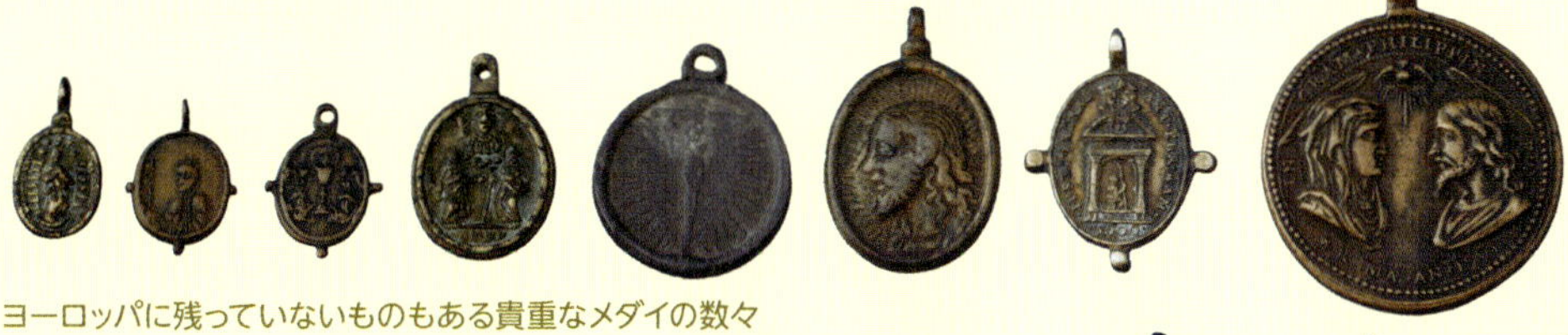

メダイ（メダル）A面

ヨーロッパに残っていないものもある貴重なメダイの数々

メダイB面

写真提供・撮影協力／茨木市立キリシタン遺物史料館（〒567-0861 大阪府茨木市東奈良3-12-18 ☎ 072-634-3433）

「あけずの櫃」の存在を藤波氏に伝えた。氏は、この地域に伝わるキリシタン伝承に従って各地を調査。やがては京都大学の調査研究グループなどが入り、千提寺および下音羽《しもおとわ》地区で数多くのキリシタン遺物が次々に発見されたのである。一九二六年には、時のローマ教皇の使節一行もこの地域を訪れていることから、これらがいかに貴重な史料であったかがうかがえる。

大阪の茨木市や隣接する高槻市は、戦国大名・高山右近（一五五二〜一六一五）の旧領である。ザビエルの宣教は、帰国後ではあるが高山父子の洗礼につながり、この地域に多くのキリシタンを生み出していった。迫害下では幕府によって生活習慣や埋葬方法なども厳しく調べられたが、密かに信仰は守られた。この千提寺地区には東イマ、中谷イト、ミワら、最後のキリシタンと言われる女性たちが、昭和初期まで代々「隠れ」として祈りや伝承を伝えていたという。大阪とは思えないひっそりとした里山の風景にたたずんで、しばし彼らの生き方に思いを馳せた。

探訪まっぷ

[P38]
本多 庸一
弘前教会

青森・弘前市

[P30]
安中教会
柏木 義円
安中教会のシンボル、
ステンドグラス

[P34]
5人の宣教師
フランソンが田丸源
次郎に送った短冊

群馬・安中市

[P54]
植村正久
代表作『真理一斑』

[P46]
弓町本郷教会
荻野 吟子

[P14]
本郷中央教会の
リードオルガン

東京
横浜市
静岡市

[P20]
旧マッケンジー住宅
ヴォーリズ建築（1940年）

[P4]
横浜海岸教会
の鐘

＊ 一般公開の施設 ＊

＊旧マッケンジー住宅
〒422-8034 静岡市駿河区高松2852 ☎ 054-237-0573

＊今井館教友会
〒152-0031 東京都目黒区中根 1-14-9
●要事前の問合せ ☎ 03-3723-5479

＊北海道大学植物園・博物館
〒060-0003札幌市中央区北3条西8丁目 ☎011-221-0066

＊ 荻野吟子 関連の施設 ＊

＊せたな町瀬棚郷土館
〒049-4816 久遠郡せたな町瀬棚区本町628
☎ 0137-87-3205

＊埼玉県熊谷市立荻野吟子記念館
〒 360-0223 熊谷市俵瀬 581-1
●問合せは妻沼中央公民館に ☎ 048-588-2044

伊東泰生（いとう やすお）

大分県出身。写真家・秋山実氏に師事。1985年にフリーとなり、建築写真、顕微鏡写真を主として撮影。雑誌、書籍、広告分野など幅広く活動する。協会展、グループ展などに多数出品。著書に『動物病院の経営と設計実例集』（共著／学窓社）がある。日本建築写真家協会会員。

＊

熊田和子（くまだ かずこ）

1976～92年まで月刊誌や単行本等の編集・デザインに携わる。94～2002年まで南米（パラグアイ・ブラジル）に住み、ブラジル日系人の記録『イペーの花咲く地から』全5巻（一粒社）を上梓。帰国後はフリーの編集ライターとして活動。著書に『わたしが共に行く』（一粒社）、『天晴れ！ぶれなかった人たち』（いのちのことば社）がある。

写真で訪ねる信仰遺産

日本キリスト教史の夜明け

二〇一七年四月一日発行

【本文写真】伊東泰生
【文】熊田和子
【付記写真】酒井羊一
【ブックデザイン】吉田ようこ
【発行】いのちのことば社フォレストブックス
〒一六四－〇〇〇一 東京都中野区中野二－一－五
編集
電話 〇三－五三四一－六九二四
ファクス 〇三－五三四一－六九三二
営業
電話 〇三－五三四一－六九二〇
ファクス 〇三－五三四一－六九二一
【印刷・製本】モリモト株式会社

ISBN 978-4-264-03396-7 C0016

＊本書は月刊『百万人の福音』（いのちのことば社）に二〇〇六～七年に一年間連載された「信仰の遺産探訪」に加筆・修正し、付記および地図を加えたものです。